大家小书

简易哲学纲要

蔡元培 著

北京出版集团公司
北京出版社

图书在版编目（CIP）数据

简易哲学纲要 / 蔡元培著 . — 北京 ：北京出版社，2016. 7
（大家小书）
ISBN 978-7-200-12075-2

Ⅰ. ①简… Ⅱ. ①蔡… Ⅲ. ①哲学—研究 Ⅳ. ①B0

中国版本图书馆CIP数据核字（2016）第076987号

总策划：安 东 高立志　　责任编辑：高立志 乔天一

· 大家小书 ·

简易哲学纲要
JIANYI ZHEXUE GANGYAO
蔡元培 著
*
北京出版集团公司
北京出版社
出版
（北京北三环中路6号 邮政编码：100120）
网 址：www.bph.com.cn
北京出版集团公司总发行
新华书店经销
北京华联印刷有限公司印刷
*
880毫米×1230毫米 32开本 9.75印张 158千字
2016年7月第1版 2018年5月第3次印刷
ISBN 978-7-200-12075-2
定价：35.00元
质量监督电话：010-58572393

序　言

袁行霈

“大家小书”，是一个很俏皮的名称。此所谓“大家”，包括两方面的含义：一、书的作者是大家；二、书是写给大家看的，是大家的读物。所谓“小书”者，只是就其篇幅而言，篇幅显得小一些罢了。若论学术性则不但不轻，有些倒是相当重。其实，篇幅大小也是相对的，一部书十万字，在今天的印刷条件下，似乎算小书，若在老子、孔子的时代，又何尝就小呢?

编辑这套丛书，有一个用意就是节省读者的时间，让读者在较短的时间内获得较多的知识。在信息爆炸的时代，人们要学的东西太多了。补习，遂成为经常的需要。如果不善于补习，东抓一把，西抓一把，今天补这，明天补那，效果未必很好。如果把读书当成吃补药，还会失去读书时应有的那份从容和快乐。这套丛书每本的篇幅都小，读者即使细细地阅读慢慢地体味，也花不了多少时间，可以充分享受读书的乐趣。如果把它们当成补药来吃也行，剂量小，吃起来方便，消化起来也容易。

我们还有一个用意，就是想做一点文化积累的工作。把那些经过时间考验的、读者认同的著作，搜集到一起印刷出版，使之不至于泯没。有些书曾经畅销一时，但现在已经不容易得到；有些书当时或许没有引起很多人注意，但时间证明它们价值不菲。这两类书都需要挖掘出来，让它们重现光芒。科技类的图书偏重实用，一过时就不会有太多读者了，除了研究科技史的人还要用到之外。人文科学则不然，有许多书是常读常新的。然而，这套丛书也不都是旧书的重版，我们也想请一些著名的学者新写一些学术性和普及性兼备的小书，以满足读者日益增长的需求。

“大家小书”的开本不大，读者可以揣进衣兜里，随时随地掏出来读上几页。在路边等人的时候，在排队买戏票的时候，在车上、在公园里，都可以读。这样的读者多了，会为社会增添一些文化的色彩和学习的气氛，岂不是一件好事吗?

“大家小书”出版在即，出版社同志命我撰序说明原委。既然这套丛书标示书之小，序言当然也应以短小为宜。该说的都说了，就此搁笔吧。

蔡元培与中国哲学的现代化

刘梦溪

中国传统哲学的高峰，一表现为先秦子学，再表现为宋明理学。此外佛教哲学在魏晋至隋唐有较大的发展，此不具论。总之宋明以后，独立之哲学日趋衰微，哲学思想往往消融到实际人生态度和社会伦理中去，真个是“道混成而难分”了。而清儒重考据、倡言“由宋返汉”的结果，尤使形上之风趋于淡薄。

影响之下，清中叶直至晚清以还，包括龚自珍、魏源、严复、康有为、梁启超、章太炎诸人，虽然不无自己的哲学思想，却不是以哲学的专精而名家的。正如蔡元培所说：“最近五十年，虽然渐渐输入欧洲的哲学，但是还没有独创的哲学。”蔡元培还说：“凡一时期的哲学常是前一时期的反动，或是再前一时期的复活，或是前几个时期的综合，所以哲学史是哲学界重要的工具。这50年中，没有人翻译过一部西洋哲学史，也没有人用新的眼光来著一部中国哲学史，这就是这时期中哲学还没有发展的征候。”因此对胡适的《中国哲学史大纲》他给予相当的肯定，称其为“第一部新的哲学史”。但胡适的《大纲》是对中国传统哲学思想的叙论，还不是作者自己哲学思想的系统化。

蔡元培本人是重视哲学的，早在1901年，他就写了《哲学总论》，提出哲学是“原理之学”“心性之学”和“统合之学”，且将宇宙区分为“物界与心界”，并以理学、哲学、神学之三分括尽世间之学问。这是中国学人第一次用可以与世界对话的语言来陈述现代哲学观，时间比王国维最初的哲学美学论文还要早些，其对现代学术的奠基而言，实非常重要。1910年他出版的《中国伦理学史》，是伦理学著作，也是哲学著作。1915年他编写的《哲学大纲》，虽系根据德国哲学家历希脱尔的《哲学导言》译述而成，其中亦不无他自创的思想。另外他还翻译了德人科培尔的《哲学要领》和日人井上圆了所著之《妖怪学讲义录》以及《柏格森玄学导言》等西方和日本的哲学著作。1923年他撰写了总结性的《五十年来中国之哲学》一文。1924年又写《简易哲学纲要》。至于作为哲学分支的美学，更是他的终生所好，《康德美学述》《美学的进化》《美学讲稿》《美学的趋向》《美育》等，都是他有名的论著。

如果说胡适的《中国哲学史大纲》是“第一部新的哲学史”，那么蔡元培早期的哲学论著，应该称得上中国现代哲学的先导。这得力于他1907至1911年在德国的留学生涯。除刚到德国的第一年先在柏林学习德文，第二年开始，便正式到来比锡大学哲学系就读。他选修的课程包括：冯德的“新哲学史——从康德至当代”“新哲学之历史及早期之心理学概论”，以及Brahn的“叔本华的哲学”、Bichter的“哲学基本原理”等。特别是哲学家冯德的课，蔡先生每学期必选。他说：

“冯德是一位博学的学者，德国大学本只有神学、医学、法学、哲学四科（近年始有增设经济学等科的），而冯德先得医学博士学位，又修哲学及法学，均得博士，所余为神学，是他所不屑要的了。他出身医学，所以对于生理的心理学有极大的贡献。所著《生理的心理学》一书，为实验心理学名著。世界第一个心理学实验室，即彼在来比锡大学所创设的。又著《民族心理学》《论理学》《伦理学》《民族文化迁流史》《哲学入门》（此书叙哲学史较详），没有一本不是原原本本，分析到最简单的分子，而后循进化的轨道，叙述到最复杂的境界，真所谓博而且精，开后人无数法门的了。”

此可见蔡先生对冯德的敬仰之情以及冯德哲学对他产生

的影响。冯德在讲哲学史时颇涉及康德美学思想，而且“最注重美的超越性与普遍性”，这给蔡先生以极大的启示，促使他“就康德原书详细研读，益见美学关系的重要”。他说：“德国学者所著美学的书甚多，而我所最喜读的，为栗丕斯（T.Lipps）的《造型美术的根本义》（*Grnndlageder Bildende Kunst*），因为他所说明的感人主义，是我所认为美学上较合于我意之一说，而他的文笔简明流利，引起我屡读不厌的兴趣。”来比锡大学的学术氛围和德国哲学的思辨精神，对蔡先生的影响是终生的；甚至他的教育思想，也受到冯德一派的哲学家和教育学家摩曼的影响，因为摩氏把心理实验的方法应用于教育学和美学，“所著《实验教育学讲义》，是瑞士大学的讲稿”，另还有《实验美学》和《现代美学》两书。蔡先生受其影响，已开始一项美学的实验，后因回国未能全部完成。

蔡元培是伟大的。中国只有一个蔡元培，叫你永远不能忘。

他1868年生于浙江绍兴府山阴县，17岁进学、成为秀才，20岁中举人，26岁考中进士，授翰林院庶吉士。他受旧式教育，却有新的思想。对康、梁变法，他是同情的，但亦不满于康的妄动。他的思想其实更倾向于革命。他是仕途、学问、人格均成功的人。新旧人物对他只有敬仰，而无异词。民国以后，他次第担任教育总长、北京大学校长、中央研究院院长。他对中国现代教育体制和教育思想的建立所作之贡献，前无先路，后无来者。他对教育的贡献，首先在于学术。他对中国现代学术所作之贡献，不亚于教育。他说：“大学者，研究高深学问者也。”针对社会上有人指责北京大学腐败，说入北大求学者都是为了做官发财，蔡先生说：“弭谤莫如自修，人讥我腐败，而我不腐败，问心无愧，于我何损？果欲达其做官发财之目的，则北京不少专门学校，又何必来北京大学？所以诸君须抱定宗旨，为求学而来。”这是1917年他任北大校长就职演说中的话。这样的话，现在没有人再说得出来。

然而事修而谤至。攻讦得最见学问的是林琴南发表在《公言报》上的《致蔡鹤卿太史书》。蔡的答书除对林所攻讦的“铲伦常”“废古书”两点予以辩明之外，并庄严申明他办大学的两项主张：

> （一）对于学说，仿世界各大学通例，循“思想自由”原则，取兼容并包主义，与公所提出之“圆通广大”四字，颇不相背也。无论为何种学派，苟其言之成理，持之有故，尚不达自然淘汰之运命者，虽彼此相反，而悉听其自由发展。此义已于《月刊》之发刊词言之，抄奉一览。

（二）对于教员，以学诣为主。在校讲授，以无背于第一种之主张为界限。其在校外之言动，悉听自由，本校从不过问，亦不能代负责任。例如复辟主义，民国所排斥也，本校教员中，有拖长辫而持复辟论者，以其所授为英国文学，与政治无涉，则听之。筹安会之发起人，清议所指为罪人者也，本校教员中有其人，以其所授为古代文学，与政治无涉，则听之。嫖、赌、娶妾等事，本校进德会所戒也，教员中间有喜作侧艳之诗词，以纳妾、狎妓为韵事，以赌为消遣者，苟其功课不荒，并不诱学生而与之堕落，则姑听之。夫人才至为难得，若求全责备，则学校殆难成立。且公私之间，自有天然界限。譬如公曾译有《茶花女》《迦茵小传》《红礁画桨录》等小说，而亦曾在各学校讲授古文及伦理学，使有人诋公为此等小说体裁讲文学，以狎妓、奸通、争有妇之夫讲伦理者，宁值一笑欤？然则革新一派，即偶有过激之论，苟于校课无涉，亦何必强以其责任归之于学校耶？

这样的话，现在更没有人讲得出而且大半也不敢讲了。

1919年5月4日，以傅斯年为领袖的北大学生（亦有他校学生）京城大游行，又烧了赵家楼，作为北大校长的蔡元培视为“失职”而必须辞职。但他迟至5月8日才提出辞呈，原因无他，盖作为北大校长的他，深知当局逮捕学生是错误举动，如果他不能把被捕学生营救出来，同样是失职。故5月8日学生获保释后，他立即提出辞呈。而当大总统不接受他的辞呈，指令他“认真擘理，挽济艰难”，他来个自我放逐，登一则启事，自行离职去天津了。

他说：“我倦矣！‘杀君马者路旁儿。’‘民亦劳止，汔可小休。’我欲小休矣。北京大学校长之职，已正式辞去；其他向有关系之各学校、各集会，自五月九日起，一切脱离关系。”辞得痛快，走得潇洒。此种出言行事，百年以来可有第二人？因探讨蔡对中国哲学的现代化所作之贡献，而连类其人其学其言其事其行，文不能尽意，到此停住罢。

目 录

第一部分　哲学大纲

第二部分　美学

第三部分　美育

第一部分　哲学大纲

简易哲学纲要[①]

凡例

一、是书除绪论及结论外，多取材于德国文得而班[②]的《哲学入门》（W.Windelband：*Einleitung in die Philosophie*）。文氏之书，出版于一九一四年及一九二〇年。再版时稍有改订。日本宫本和吉氏[③]所编的《哲学概论》，于大正五年出版的，就是文氏书的节译本。这两本都可作为本书的参考品。

一、读哲学纲要，不可不参看哲学史。国文的西洋哲学史，现在还止有瞿世英君所译美国顾西曼的一本，所以本书音

---

① 此书被列为“现代师范教科书”之一。

② 文得而班：德国哲学家，著有《哲学史教程》《哲学导论》等，今译文德尔班。

③ 宫本和吉：日本哲学家。

译的固有名，凡瞿译本所有的，差不多都沿用了。有音译检对表，附在书后。

目录

自序

哲学是人类思想的产物，思想起于怀疑，因怀疑而求解答，所以有种种假定的学说。普通人都有怀疑的时候，但往往听到一种说明，就深信不疑，算是已经解决了。一经哲学家考察，觉得普通人所认为业经解决的，其中还大有疑点；于是提出种种问题来，再求解答。要是这些哲学家有了各种解答了，他们的信徒认为不成问题了；然而又有些哲学家看出其中又大有疑点，又提出种种问题来，又求解答。有从前以为不成问题而后来成为问题的；有从前以为是简单问题而后来成为复杂问题的。初以为解答愈多，问题愈少，那知道问题反随解答而增加。几千年来，这样的递推下来，所以有今日哲学界的状况。从今以后，又照样的递推下去，又不知道要发展到怎样？这一半是要归功于文化渐进的成效；一半要归功于大哲学家的天才。我们初学哲学的人，最忌的是先存成见，以为某事某事，早已不成问题了。又最忌的是知道了一派的学说，就奉为金科玉律，以为什么问题，都可照他的说法去解决，其余的学说，都可置之不顾了。入门的时候，要先知道前人所提出的，已经有那几个问题？要知道前人的各种解答，还有疑点在那里？自己应该怎样解答他？这一本书，大半是提出问题与提出答案中疑点的，或者不至引人到独断论上去。

中华民国十三年三月十五日　蔡元培

第一编　绪论

（一）哲学的定义

哲学是希腊文philosophia的译语。这个字是合philos和sophia而成的，philos是爱，sophia是智，合起来是爱智的意思。所以哲学家并不自以为智者，而仅仅自居于求智者。他们所求的智，又不是限于一物一事的知识，而是普遍的。若要寻一个我国用过的名词，以“道学”为最合。《韩非子·解老》篇说："凡物之有形者，易裁也，易割也。何以论之？有形则有短长，有短长则有小大，有小大则有方圆，有方圆则有坚脆，有坚脆则有轻重，有轻重则有白黑。短长、大小、方圆、坚脆、轻重、白黑之谓理。"又说："凡理者，方圆、短长、粗靡、坚脆之分也；故理定而后可道也。理定，有存亡，有死生，有盛衰。夫物之一存一亡，乍死乍生，初盛而后衰者，不可谓常。惟夫与天地之剖判也俱生，至天地之消灭也不死不衰者谓常。而常者无攸易，无定理。无定理，非在于常所，是以不可道也。圣人执其玄虚，用其周行，强字之曰道。"又说："万物各异理，而道盖稽万物之理。""理者，成物之文也；道者，万物之所以成也。"他所说的理，是有长广厚可以度，有轻重可以权，有坚度感到肤觉，有光与色感到视觉，而且有存亡死生盛衰的变迁可以记述，这不但是属于数学、物理学、化学、天文学、地质学等的无机物，而且属于生物学的有机物也在其内；并且有事实可求、有统计可考的社会科学，或名作文化科学的，也在其内。所以理学可以包括一切科学的内容。至于他所说的道，是"尽稽万理""所以成万物"的，就是把各种科学所求出来的公例，从新考核一番，去掉他们互相冲突的缺点，串成统一的原理。这正是哲学的任务。他又说是"不死不衰"的，这就是"无穷""不灭"的境界，正是哲学所求的对象。他又说：“圣人执其玄虚，用其周行。”哲学理论方面所求的是“形而上”，是“绝对”，所以说是“玄虚”。他的实际方面是一切善与美的价值所取决，所以说是“周行”。所以他所说的道，是哲学的内容。但是宋以后，道学、理学，名异实同，还不如用哲学的译名，容易了解。

（二）哲学的沿革

最早的哲学，寄托在神话里面。我们古代的神话，要解说天地万物生的原因，就说是有一个盘古，开辟天地；死后，骨为山岳，血为河海，眼为日月，毛发为草木，身之诸虫为动物。要解说民族中有体力智力俊异的少数人，就说是上帝感生的。印度人说梵天产生一切，希伯来人说上帝创世，都是这一类。后来有一类人，在人事上有一点经验，要借神话的力量来约束人，所以摩西说在西乃山受十诫；我们的古书也说天命有德，天讨有罪。这些话，是用宗教寄托哲学，来替代神话的时代。这时候的宗教家，是一切知识行为的总管。但看我们自算学、天文学、医学以至神仙、方技与道家的哲学，都是推原黄帝；印度的祭司、学者、诗人，均属于婆罗门一阶级，就可证明。但是宗教以信仰为主，他所凭为信仰的传说，不但不许人反对，并且不许人质问。然而这些传说，虽说是上帝或天使所给，这不过一种神道设教的托词，或是积思以后的幻相。如《管子》所说“思之思之，鬼神通之”，及后世文人所说“若有神助”之类，实际上是几个较为智慧的人凭着少数经验与个人思索构造出来的，怎么能长久的范围多数人心境，叫他不敢跳出去呢？所以宗教盛行以后，一定有人怀疑。怀疑了，就凭着较多的经验，较深的思索，来别出一种解说。这就是哲学的起原。哲学是从怀疑起来的，所以哲学家所得的解说，决不禁人怀疑。而同时怀疑的，也决不止他一人，就各有各的解说。我们自老子首先开放，便有孔、墨等不同的学说接踵而起。希腊自泰利士[①]创说万物原素，就有安纳西门特[②]、安纳西米尼斯[③]等不同的学说接踵而起。这就可以看出哲学与宗教不同的要点。但哲学的性质虽与宗教不同，而在科学没有成立的时代，他也有包办一切知识（关于行为的知识，也在其内）的任务。他的范围，竟与宗教相等。所以哲学常常与宗教相参杂。老子的学说，被神仙家利用而为道教；孔子的学说，被董仲舒等利用而为儒教。希腊

---

① 泰利士：古希腊思想家、科学家、哲学家，被尊为“科学和哲学之祖”，今译泰勒斯。

② 安纳西门特：古希腊天文学家、自然哲学家，今译阿那克西曼德。

③ 安纳西米尼斯：古希腊自然哲学家，今译阿那克西美尼。

柏拉图[①]学说被基督教利用而为近于宗教的新派；亚利士多德[②]学说在欧洲中古时代，完全隶属于基督教麾下。这全是因为科学没有发展的缘故。

欧洲的哲学，托始于希腊人。希腊人是最爱自然、最尚自由的民族。所以泰利士的哲学，就注意于宇宙观，而主万物皆原于水说。其后安纳西门特即改为无定质说。安纳西米尼斯又改为出于气说。而毕泰哥拉[③]又主万有皆数说。希拉克里泰[④]主万有皆出于火说。恩比多立[⑤]主火、气、水、土四原素说。安纳撒哥拉斯[⑥]又说以无数性质不同的原素。看出他们的注意点全在自然界，而且各有各的见解，决不为一先生之说所限定。后来经过哲人派[⑦]与苏格拉底[⑧]、柏拉图等切近人事的

---

① 柏拉图：古希腊哲学家，苏格拉底的学生，西方客观唯心主义的创始人。

② 亚利士多德：古希腊哲学家、科学家、教育家，柏拉图的学生，百科全书式的学者，今译亚里士多德。

③ 毕泰哥拉：古希腊哲学家、数学家，今译毕达哥拉斯。

④ 希拉克里泰：古希腊哲学家，辩证法的奠基人之一，今译赫拉克利特。

⑤ 恩比多立：古希腊哲学家，原子唯物论的先驱，今译恩培多克勒。

⑥ 安纳撒哥拉斯：古希腊哲学家，今译阿那克萨哥拉。

⑦ 哲人派：公元前5世纪～公元前4世纪希腊一批以教师为职业的哲学家的统称，在认识论方面持感觉主义、相对主义、怀疑主义的观点，今译智者学派。

⑧ 苏格拉底：古希腊思想家、哲学家、教育家，注重对“人”本身的认识与研究，对其后的西方哲学影响巨大。

哲学，但一到亚利士多德，就因旅行上随地考察的结果，遂于道德、政治、文学，玄学诸问题外，建设论理学，而且博涉物理、动物、植物学等问题。虽在经院哲学时代，亚氏所建设的科学，仍为教会所利用；然文艺中兴以后，欧人爱好自然的兴会，重行恢复，遂因考察、试验的功效，而各种包含于哲学的问题，渐渐自成为一种系统的知识，而建设为实证的科学。其初是自然科学，后又应用自然科学的方法于社会科学，而社会学、经济学、心理学等，均脱离哲学而成为独立的科学；近且教育学、美学等亦有根据实证的方法，而建设科学的倾向。一方面，科学家所求出的方法与公例，都可以作哲学的旁证；一方面又因哲学的范围，逐渐减小，哲学家的研究，特别专精，遂得逐渐深密。所以欧洲哲学的进步，得科学的助力不少。我们古代哲学家，用天、地、水、火、雷、风、山、泽八科卦象，说明万有；后来又有用水、火、木、金、土五行的一说。并非不注意于自然现象。但自五行说战胜八卦说以后，就统宰一切，用以说明天文，说明灾异，说明病理药物，说明政制，说明道德，遂不觉得有别种新说的必要。最早的哲学家老子，是专从玄学的原理，应用到人事。孔子虽号为博物，然而教人的学问，止有德行、政治、言语、文学等科；农圃等术，自称不如老农、老圃；读诗，又但言“多识鸟兽草木之名”，可以看出对于自然界的淡漠。止有墨子，于讲兼爱、尚贤以外，尚有关乎力学、光学的说明，或可推为我国的亚利士多德。然自孔学独尊以后，墨学中断。虽在五代时尚有墨子化金术的假托，但并不能有功于学术。因为孔学淡漠自然的关系，所以汉以后学者从没有建设科学的志愿。陆、王一派，偏于惟心主义，阳明至有格竹七日而病之说，固不待言。朱考亭一派，以即物穷理说格物，对于自然现象及动植物等，也曾多方的试为解说，而终没有引入科学的门径。在欧洲因有古代炼金术而演成化学；我国也有《淮南子》《抱朴子》等炼丹术，而没有产出化学的机会，欧洲因有医药术，而产出生理、地质、植物、动物等学；我国也有《铜人图》《本草》等，而没有产出生理、生物等学的机会。所以我国的哲学，没有科学作前提，永远以“圣言量”为标准，而不能出烦琐哲学的范围。我们现在要说哲学纲要，不能不完全采用欧洲学说。

（三）哲学的部类

哲学与科学，不是对待的，而是演进的。起初由哲学家发出假定的理论，再用观察试验或统计来考核他；考核之后，果然到处可通，然后定为公例。一层一层的公例，依着系统编制起来，就是科学。但是科学的对象，还有观察试验或统计所无从着手，而人的思想又不能不到的，于是又演出假定的理论。这就是科学的哲学。例如数学的哲学（共学社译有罗素[①]《算理哲学》）、物理的哲学（牛顿[②]与安斯坦[③]的著作等）、生物学的哲学（达尔文[④]、海克尔[⑤]著作等）、法律哲学、宗教哲学等。再进一步，不以一科学为限，举一切自然科学的理论，贯串起来。这是自然哲学（Naturphilosophie，例如Schaller，*Geschichte der Naturphilosophie von Bacon bis auf unsere zeit*； Oswald，*Vorlesungen über* Naturphilosophie 等）。再进一步，举自然科学与其他一切科学的理论统统贯串起来，如孔德[⑥]的《实证哲学》（*Philosophie de Positive*）、斯宾塞尔[⑦]之《综合哲学原理》（*A System of Synthesis Philosophy*）等，就是守定

---

① 罗素：英国哲学家、数学家、逻辑学家和历史学家，是20世纪西方最有影响的学者与社会活动家之一。

② 牛顿：英国著名物理学家，百科全书式的学者，著有《自然哲学的数学原理》、《光学》。

③ 安斯坦：德国物理学家，相对论的建立者，量子力学的创立者之一，今译爱因斯坦。

④ 达尔文：英国生物学家，进化论的奠基人。

⑤ 海克尔：德国动物学家、哲学家，在达尔文建立的基础上继续完善了进化论。

⑥ 孔德：法国哲学家、社会学家，实证主义的创始人。

⑦ 斯宾塞尔：英国哲学家、社会学家，社会达尔文主义的创始人，今译斯宾塞。

这个范围的。但是人类自有一种超乎实证的世界观与人生观的要求，不能对实证哲学而感为满足。又人类自有对于不可知而试为可知的要求，不能对不可知论而感为满足。于是更进一步为形而上学，即玄学（Mataphysik）。古代的玄学，是包含科学的对象，一切用演绎法来武断的。现代的玄学，是把可以归纳而得的学理都让给科学了。又根据这些归纳而得的学理，更进一步，到不能用归纳法的境界，用思索求出理论来；而所求出的理论，若演绎到实证界的对象，还是要与科学家所得的公理，不相冲突的。厉希脱[①]说："正确的判断，在思索与经验相应。"就是此意。所以专治一科学的人，说玄学为无用，不过自表他没有特别求智的欲望，可以听其自由。若是研究玄学的人，说玄学与科学可以不生关系，就不是现代玄学家的态度。

（四）哲学纲要的范围

特殊科学的哲学与自然哲学，都是综合哲学的一部分。我们现在要讲的，是合综合哲学与玄学两级而成。我们可以分作三部分来研究：一是专为真理而研究，大抵偏于世界观方

① 厉希脱：德国化学家、数学家，今译里希特。

面，名为理论的哲学，就是原理问题。一是为应用而研究，大抵偏于人生观方面，名为实际的哲学，就是价值问题。而对于此等所知各方面的研求是否确当，先要看能知一方面能力与方法是否可靠，所以不能不先考认识问题。

第二编　认识问题

（一）认识的起源

古来大思想家思考的结果，每与众人的常识不同，因而有知识与意见相反的结论。希腊哲学家于学问发达的初期，已经把理性、理想（理性的思维）、知觉作为相对立的。最彰明的，是柏拉图所说的想起。他说观念的观照，是超乎体魄的实在，而就是一种知觉。这种知觉是超世界的，与肉体的知觉根本上不同。希腊哲学家的心理说，常常以知性为受动性，有容受、感受等作用。当着他受取或映照真理的时候，精神上如能免掉一切固有活动的扰乱与牵掣，就可为认识本体的标准了。

这种心理说，正与素朴超绝论以模写说为真理概念的标准相合。然而他们有一部分，已把知觉概念修正了。他们虽然说心如蜡板，受外界各种印象以为知觉；然而照他们习用的把握、感知等语看起来，知觉的认识，自有意识上一种能动性，不容放过的。且古代哲人派的学说，已以一切知觉为由客观而之主观，又由主观而之客观之两种运动所成立。这就容易看出来，知觉是属于对象的影响，而精神上即有一种相应的反动。思维是属于精神的自动，而对象能予以发展的机缘。于是乎发生一种问题，就是我们的知识，是从外界来的，还是从自己的精神上发生的？

这个问题的答案，或主张一切知识、都由外界的经验得来的，这是经验论。或主张一切由理性的思维起来的，这是惟理论。自近世哲学最初的世纪培根[①]、笛卡儿[②]以至十八世纪末年的哲学运动，完全为经验论与惟理论争辨所充塞。其间导入认识论于近世哲学的，是洛克[③]的学说。他承认经验有两种源头，一在内，一在外；一是反省自身作用而得的，一是用感官接触外界而得的。而他却排斥惟理论的“本有观念”说。用两

① 培根：英国哲学家，主张唯物主义经验论，被称为“实验科学的真正始祖”。

② 笛卡儿：法国哲学家、物理学家、数学家，近代哲学的奠基人之一，今译笛卡尔。

③ 洛克：英国哲学家，经验主义者，主张“社会契约论”，启蒙时代最有影响的思想家。

种论调：一是说若观念是心的本质，就应凡人一样，然而不合于多数人意识活动的状况。一是说既视心的概念为意识为同一，即不容有无意识的本有观念存在。然而经验论亦不能不承认知觉所与的材料，待加工而后为认识。所以洛克也以为感官内容的发展，与内界知觉的被意识，均不可不借助于心的作用及能力。他对于认识上合理的要素，固已承认了。而他的后继者一部分，又以为内界知觉的发展，也不可不有外界知觉的预想，因而力主认识内容专属于外的知觉。若是把洛克所归功于心力的，都视为外的知觉所给予，那就转经验论而为感觉论，把一切认识内容，都认为发生于官能了。这种感觉论，是因意识内诸要素的并存，而演绎为认识上诸要素间所生的一切关系。无论何等关系，凡在诸要素间所能行与当行的，都是依属于要素的。果然，就不能不遭一种批难，例如最简单的关系，如比较、区别等，决不能从单个的或总数的要素上求出，而多分是特别新加的。

反对经验论的惟理论，欲以所受材料的综合、加工之关系，悉归诸精神作用，而且即以综合的形式为原始认识，即本有观念。文艺中兴时代的新柏拉图派与笛卡儿派均有此倾向。笛卡儿的哲学，本以本有观念为论理上直接自明的真理。而他的后继者却认为心理上发生的。于是意识的表象，不视为现实的，被予的，而认为潜在的，如来勃尼兹[1]《人知新论》（*Nouveaux Essais*）所证明的“无意识的可能性”是了。于是经验论与惟理论，因两方间争点渐消，而互相接近。经验论者承认知觉材料，不能不有待于心力的加工，而后成为经验。惟理论者也承认关系形式，固然根于理性，而不能不以知觉为内容。来勃尼兹取近世经验论所反复声明“既不存于感官的，决不存于知力”的成语；而加以“但知力自身除外”的但书，是说明他们结合之枢纽的。

心理上相反对的经验论与惟理论，若用论理的意义来考核他们相反的根柢，就容易明了。经验论所主张的，一切知识都从各别的经验得来，而惟理论所主张的，在从本原的普遍命题上求一切认识的根原。然我们的知识，决不止各别的经验，而绝无经验的普遍性，也是难以建设的。人类的认识，常常由各别与普遍的互相错综。在论理上，由各别的而升到普遍的，是后天论，是经验论所注重的。由普遍的而降到各别的，是先验论，是惟理论所注重的。经验论虽反对绝对的先验论，而不妨承认相对的先验论，因为彼既由特别的而求得普遍原则，那么

① 来勃尼兹：德国哲学家、数学家，主张“单子论”，认为终极的实在是一种不占空间、不可分的“单子”，今译莱布尼茨。

就说先验的普遍原则，可以演绎到各别问题，也有可承认的理由。惟理论既由普遍的而进向各别的认识，则对于各别经验的要素，更不能不顾，尤为显然。

这样看来，经验论与惟理论的互相反对，都是从心象发生的一点来解释认识问题，都没有什么结果。有一个很明白的比例，我们若要定一种判决的是非，决不能但问这个判决是怎样来的。凭着心象发生的手续，决不足以判定这表象是否真理。心理主义偏重于心象成立的原因，实是幼稚的见解。自康德①以后，在认识论上，不是判断作用生起的问题，而是判断论证的问题。不必随心理的法则而求事实关系，乃随论理的规范而求价值关系。不是认识的起原问题，而是认识的适当问题了。

（二）认识的适当

适当一语（Gelten），自洛采②始用在认识论上。而从此以来，在现代论理学，特为重要。这个真理上的适当，与经验的意识无关。无论经验的主观认为真理与否，均可不顾，而有

① 康德：德国思想家、哲学家、天文学家，德国古典哲学的创始人。
② 洛采：德国哲学家，被称为“价值哲学之父”。

绝对的意义。譬如数学的真理，就在没有一个人想到以前，原是适当，就是有人误认为不合，也还是适当。这叫做自身适当，为现代论理学的主要问题。而适当与实在的关系，也因而密切。因为一切学问的思维，其最后问题，即在意识与实在的关系。真理的价值，须看意识与实在有何等关系而成立，而发见这种关系的，就是认识论的任务。所以在认识论上，要论认识，就同时不能不论实在。

应用于意识与实在间之范畴有多种，于是对此问题的解释，也有多种。有一种根本范畴，就是对于其他一切范畴与以一程度的标准者，就是“相等”的范畴。意识与实在虽互相对待，而内容可以相等。但有一种素朴实在论，所要求的实在概念，是在意识上模写“他实在”；所谓“他实在”者，不过是包围意识之物质的实在。这种不待考察与批判而就确定概念的，依康德的学说，名为认识论上的独断论。独断论有二：一是以世界为不外乎我们的知觉，是知觉的独断论（是即产生素朴实在论的世界观的）。一是以世界为不外乎我们概念的思维，是概念的独断论。自认识问题起，而两种独断论都不能不动摇。因动摇而怀疑，因怀疑而研究，这是认识论初起时不能脱的阶段。停滞于怀疑的阶段，而不认研究的结果为可能的，是怀疑论。在“前科学”的思想上已有一种素朴怀疑论，常对于人类本质的有限与认识的有涯而抱憾。他所指的界限，全属于量的。就是我们的知识，凡是关乎体验的，总被拘于短小的时空以内。这种素朴怀疑论，固然与主张经验的知识者有相同处，而不同的一点，就是学问的认识，在于问题的可以解答，而怀疑论考察的结果，则不外乎否定。彼不认一切认识的存在，诚为极端怀疑论的短处；然而怀疑的思想，实为确立世界观时必然的经过点；而具一部分可以除最初的素朴见解，而立根柢的确信。

凡关于一事的解答，正负两种主张，势力相等，而不能为最后决定时，即成立问题的怀疑论，也名作问题论。由问题论的立足点出发，就有种种谨慎而不妄决的思想形式。理论上主张论据与反对论据均可采择的时候，意志常取需要希望倾向的态度，以助他最后的决定。于是因要求而成立臆测。这种要求，可以有各方面的，或属于个人，或属于团体，或属于理性。这种实际的决定，虽可以救怀疑的不快，而颇有陷于误谬的危险。这种危险，在人生实际上不能不决定取舍的时候，原为可恕，而决不可即以此实际的决定为认识。

哲学问题，觉得完全确实的解释，竟不可能；而又觉得一方面的解释，比其他方面确实的程度，较多一点，暂行采取，这是取盖然性的途径的，就名作盖然论（Probabilismus）。近世休谟[1]的哲学，属于此类。

问题论的通性，是对于知识与实在的关系，不敢决定为“相等”。然最易倾向于“不相等”的主张。盖“不相等”虽若与“相等”为同一不易证明的程度，而心理的必然性（非论理的），对于“相等”的疑，最易转为对于“不相等”的信。此外助成“不相等”的意见尚有一端，就是常识上觉得自己意识与其他实在迥不相等，因而想人类知识，完全从毫无关系的“他实在”而来，而且所得的并不是实在的模写，而便是实在，这名作惟相论（Phänomenalismus）。惟相论的背景，还有素朴的超绝真理概念。因为以人类知识为不过现象的主张，实由有人类知力不能把捉本质的前提附属在内了。

惟相论的建设，也因知觉与概念的区别而演为两种：一是感觉的惟相论，以感觉的知识之内容为真。而以概念为不过表象或名义。其适当的范围，以意识为限。这种见解，由素朴实在论的常识，演而为中古时代的惟名论；又演而为近代的惟物论。一是合理的惟相论，是说一切感觉的表象，不过在意识中为实在的表象与现象，而实在就是概念。合理的惟相论，又分

① 休谟：英国哲学家、启蒙思想家、经济学家、历史学家，主张怀疑主义。

为两种形式：一是数学的，是一种自然科学的理论。他说事物的性质，都不过现象。惟有数量可计的性质，才是适当于真的。这种理论，随时代进行，渐以因果的范畴代相等的范畴；而以表象为实物及于意识的影响。意识内的表象，不是模写实在而是代表，犹如各种记号，代表他所记号的，所以也名作记号说。此说在古代以伊壁鸠鲁[①]派为主；中古时代有屋干[②]与名目论的论理学；近代有洛克与康地拉[③]等继起；而最近的自然科学者用以建设哲学原理，以汉末呵兹[④]为代表为最著。其他一派是本体论的形式，以概念的玄学为立足点。近于柏拉图的观念论。又如来勃尼兹的单原论，海巴脱[⑤]的实在论。他说感觉世界全体，无论其性质是属于量的，或属于质的，或属于时间性及空间性的，都是“非物质的”或“超物质的”实体的现象。这种惟相论尤注重于意识内面的性质。以

① 伊壁鸠鲁：古希腊哲学家，认为“快乐就是善”，主张快乐主义。

② 屋干：英国哲学家、启蒙思想家，主张唯名论，今译奥卡姆的威廉或威廉·奥卡姆。

③ 康地拉：法国哲学家、启蒙思想家，创立了感觉主义心理学体系，今译孔狄亚克。

④ 汉末呵兹：德国物理学家、数学家、生理学家，发现了能量守恒定律，主张世界是物质的、守恒的，持机械唯物主义观点，今译赫尔姆霍茨或亥姆霍兹。

⑤ 海巴脱：德国哲学家、心理学家，科学教育学的创始人，今译赫尔巴特。

内外两种经验，在惟相论上，本不过同等的。在哲学史上常有由惟相论而转入惟心论玄学的。凡为一物而有所现，不但所为现的本体当然存在，就是所现的相，也不能不认为存在，这就是意识。这样，内的经验，一定比外的经验重要。外的经验，不过内的知觉全部以内的一部。意识与其各各状态，是原始的无疑的认为实在。于这个前提以下，对于外界的实在，经多少不确的推论，而始认为可信。于是认定一种意识的根本性质，或为智性，或为意志，作为适当于事物之真的本体；而外界全体，不过构成他的现象就是了。内经验的偏重，是一切新的玄学与认识论上很可注意的事实。

以内生活为重于物质的实在，于是在意识与物质的实在之间，不得不求一别种范畴而认内属的范畴（Inharenz）为适当。这种惟相论的玄学，以意识为实体；而意识的状态与活动，就是由外界的实在还元而来的观念与表象。这种现象的形式名为理论的惟我论（Theoritische Egoismus）。

以上各种理论，都是以假定精神与物质互相反对之旧观念为基本，而以物质为现象，以精神为被现之本质的。要超出这种范围，止有把精神与物质都看作现象；但这么一来，他们的背后就止剩了一个没有内容可规定而完全不可知的“物如”（Durgansich）了。这是绝对惟相论（Absolute

Pbanomenalismus），后来也名作不可知论（Agnostizismus）。他所认为本质的“物如”，既不能用外界现象，也不能用内界现象，又不能用内外两界相互的关系来理解他。所谓实在的现象，既分属于这两界而两界间永远互相关系的物质与精神，又说是同出于全不可知的“物如”，而不能加以说明。这样的“物如”，并没有解决一切问题的效用，不过假设的一种黑暗世界罢了。

现代又有绝对惟相论的一派，其动机在以“物如”的概念为不必要。他们以为本质与现象的关系，依原理本不好应用到实在与意识的关系上。意识与实在的关系，凡相等、因果、内属等等根本范畴，均不适用；而所余的止有“同一”的关系。就是一切实在都表现为意识；而一切意识，都是表现实在。这种意识一元论普通称为内在哲学（Tmananeute Philosophie），最近也称为新实在哲学（Neue Wirklichkeits-philosophie）。他是一种否定“物如”概念，不许于现象背后追求与现象相异的本质，而与实证论相近的哲学。然而这种哲学，既然有意识与实在为同一，对于知识的真伪，与他们价值的区别，要加以说明，是很难的。

照这样看来，种种学说，不过程度的差别，对于真理概念，都不能确实的规定。因而认识问题，仍不能解决，不能不别开一条解决的道路，那就是康德的“认识对象”的新概念了。

（三）认识的对象

前述一切认识论的思想，都是以超绝的真理概念之素朴假定为前提，而以认识的意识与所认识的对象“实在”为互相对待的。无论在意识上取入这个对象，或于意识上模写他，或以意识为记号而代表他，要不过以同一根本思想，由各别的形式而表现罢了。由这种根本思想而发展的各种学说，都注重在应用范畴以说明意识与实在的关系，而意识与其内容，一经玄学的区别以后，再要联合起来，竟不可能。要脱去素朴的前提而确立自由的认识论，当采取批判的方法。

我们在一切知识上，常遇着作用与内容的根本区别。照意识的体验，两者实为不可分离的结合，因没有全无内容的作用，也没有全无形式的内容。但意识作用，得于各各内容生种种相异的关系；而别一方面在同一关系上，得分别保含种种不同的内容。以意识作用与意识内容作完全独立的观察，则不能不想为意识作用以外，有独立于此作用以外的内容（如素朴实在论所用实在的概念，又如物如的概念）。而且不能不想此内容为非认识的关系而纯为对象。虽然，与意识全然无关系的实在，决非可以存想的。因为一想实在就被认识，就仍为意识内容了。所以到底认识的对象，除意识内容以外，竟没有可以表象的。

我们必须于素朴实在论的前提以外，把对象的概念，别行考定。这个概念，在康德的《纯粹理性批判》中首先提出的。在意识自身，是由种种复杂的内容综合起来的。由这个综合而统一的意识对象始成立。此等被综合的分子，本稍有独立性而可以发展为表象的运动，而且此等分子，决非从统一中产生，而自为极大全量的实在之一部分。自彼等结合为统一的形式，而后成为意识的对象。因而对象不能在意识以外为实在，必在意识上内容各部分互相结合成统一的形式而后为实在。所以结局的问题，是在何等条件下，这种由复杂而合成统一的，始有认识的价值。因为我们所研究的，是人类的认识，所以我们的问题，是在何种条件下，这个在经验的意识上，由复杂而合成统一的对象，于个人或人类的表象运动上，始有意义。有意义的对象，一定是结合的方法，完全由于客观的要素自身，而对于一切个人之综合的方法，可以为规范的。惟有看诸要素为要素自身客观的关系，那才是人类概念上对象的认识。因而思维的对象性，是客观的必然性。但是那一种要素是客观的必然性的，这是由思维之经验的运动而定的。认识的对象，照康德思想的倾向，在认识自身最初发生的，是“我们”自己。

在经验的意识，一切由实在要素所结合的群，均由于个人自身经验的自觉，而为实在之无限的全体之切断面。无论是物的概念，都不过在全体实在中选出最少小的；而一切意识与认识的对象由各个组成的，无论有何等多式的关系，决没有互相表象的。无论其为文明人成熟的意识，或科学概念，凡此等最高的理论意识，也决不能包括实在的全体。多式要素的综合，就在人类的意识，所以人类的认识，不能不受限制。在知觉上所得，本不过经验的意识所能感觉的一部分之选取。由知觉而概念，由概念而较高的概念，一切进行，无非割弃殊别的特征，而维持共通的特征。这种思维作用，论理学上名为抽象的。这种论证的结果，是由实在的不可忽视之多式中而取其有选择之价值的。在概念上有着一种把世界单纯化的作用，在人类有限的意识上，要支配自己的表象世界，算是惟一可能的方法了。

照这个意义，一般通用的，就是意识自身发生他的对象，又从实在的要素中发现内容，而形成自身的世界。我们愈见到这种认识就是实在的部分，而且是最有价值的部分，就愈知道认识自身不外乎诸要素的经过选择与整理而综合起来的。我们对于单纯知觉，已经名为对象。这决不能独立而为实在。我们的对象之成素，是由参入的诸要素与不能参入我们狭小意识范围内的他种无数关系组成的。照这种情形，我们自身，就成对象。他就是实在，不是不可知的物如之可知的现象，而是实在的一部分。他也是实在，而决不能当实在全体。不但成素，就是结合此等成素而为对象的形式，也根于实在。这样形式与内容，都属于实在，而经我们的选择与整理发生新状态，只是这个我们生出对象的一点，是我们认识的真理所存。而认识中生出这种对象的动作，也是有实在价值的创造物之一了。

我们看认识的本质，为自宇宙无限丰富内容中，行选择的综合，而创造一特有的世界，以为意识的对象，自然要考察到本质实现的各种形式。最初可分为“前科学”的认识与科学的认识两种。“前科学”的，是初步的素朴的认识活动，不过于无意识中产出的世界。到科学的认识，才是有意识的产出之对象，而这种产出的方式，又可分为由形式出发，与由内容出发之两种。由这两种而发生惟理的科学、与经验的科学之区别；而前者比后者觉得由综合而产出对象的特色，更为鲜明。属于惟理的科学的，第一是数学。在数学上，不是由意识受领对象，而是有意从内部产出的。关系此点，数与空间形式同样。经验是构成算术的或几何的概念之机缘，而此等概念，却不是经验的对象。数学的认识，于自然上有无与其内容相当的实物，毫无关系。于他的本质上，就直接指出认识的本质，因为无论其出于经验的原因，或感觉的想象，苟其为有意规定的反省而一度产生对象。例如圆，如三角，如对数，如积分等等，则由此而进行的一切认识，不能不为这种自己产出的对象所制约，而对象的真否，就依属于对象之客观的本质了。

数学以外，可认为惟理的科学的，是论理学。论理学之关系于思维的形式，正如数学之关系于直观的形式。论理学的自产对象，与思维依属于对象的关系，均与数学无异。我们对于数学的与论理学的形式之知识，所要求的适当，不但一度考察，而于科学概念确定以后，可以要求一切规范的意识之普遍的必然的承认，并且这等知识，对于事物全体的规定力，也认为适当。数与空间量的合法性，即代数与几何学的认识，既为物理学所证明，而且存在于科学所叙述的自然法之内。至于论理的形式之适当，对于我们有实在意义的程度，在于我们的世界除完全由此形式规定的以外，无可表象的一点而已。这么看来，数学与论理学，所有真的性质，并无区别；而两者均以实在的形式为限，不能由此形式而对于我们的认识，演绎为实在内容的规定，亦互相类似。于是实在之理论的数学形式，与实在之由此等形式而独立的内容，仍不能统一，而稽留于最后的二元性。要求统一，止有乞灵于普遍的实在之绝对的全体。而全体实在为我们所能求出的，不过科学的认识所特有之小部分而已。

经验的科学，也用他的方式表示人类认识之选择的特色。他与惟理科学的区别，在出发点不同；而经验科学中，又因认识目的之不同而自生差别。经验科学的一部分，以纯论理的价值（即普遍性）为认识目的。普遍的论理价值，在求得物与事之类的概念就是类型或法则。此等类型或法则，所以对于一切特殊事物，有实在的适当，因为事物与其互相关系的总和，就是自然。这是与宇宙有根本关系的。有一种科学活动，与自然研究对待，而以理解特殊的个性为目的。特殊个性，缺少论理的根本价值之普遍性，他所以得为认识的目的，因为有一种内在的价值。这种价值，属于人类所得的经验与所产的成效，就是文化。文化为人类历史的产品所结合，与自然的宇宙对待而为历史的宇宙。在这个历史的宇宙上，也是行普遍的合法性，也是全体实在的一部分，所以不能不受范于特殊隶属普遍之根本关系。关于历史的事变与历史的产物之研究，并不是以异于自然科学之方法论的与原理的研究为目的，而在乎以历史的连络关系求价值的实现。因自然科学仅注意于普遍性之论理的价值，而历史研究，遂含有别种价值的意义。然历史研究上的价值，又不在乎对象的道德化，而在乎对象自身于科学上显有价值的关系。所以古今一切事变，并不都是历史，历史之所以为文化科学的对象，是在无数事变中，把对于人生有重大价值的选择出来，而构成一种对象。这种选出来的，决不是原来的事实，而是从方法论的研究上，构成浑然的对象。所以经验科学乏自然的宇宙与历史的宇宙，都是科学的思维之新构成体。所谓真理，并不在乎与心以外之实在物相等，而在乎内容之属于绝对的实在，但又决非实在的全体，而特为人类知识上所窥见的一部分罢了。

科学经验的方式，既然用自然研究与文化研究之目的而分类，就与冯德①所提出而现在最通行的自然科学与精神科学的分类法不相同了。自然科学与精神科学的分类，基于内外两种经验之心理的二元性，而实基于自然与精神对立的旧式玄学之二元性，照现代认识论的批判，这是无关于科学研究之对象的。现代认识论，由绝对实在之同一群中，取出以普遍的合法

① 冯德：德国心理学家、哲学家，构造主义心理学的代表，今译冯特。

性为目的者，作为自然认识的对象；别一方面，就在取出以个性化的原理为目的者而形成历史的对象。以上两种分类法的不同，对于心理学，很有关系。现代形成心理学的任务，是由个人心理学的精神物理之基本研究，而达到社会心理学的复杂现象，历史上分别研究的界限，早已破除。然在个人心理学与社会心理学的中间而对于一切补助科学为根本前提的，是内感官的认识，就是意识的自觉。所以照主要材料的本性上看来，心理学应从法则科学的意义而属于自然研究。于文化科学中列入心理学，是按性格学的方法，而以对于单独的事变，或类型的构造，要求出心意个性时为范围。若照自然科学与精神科学的分类法，心理学仅能于精神科学方面保存狭隘的位置。人常说心理学是精神科学的基础，因为各种精神科学尤是历史科学，均是人类行为的过程而借以看出人类之意识的。然此等说明，于研究的事实上，没有何等关系。科学的心理学，研究普遍法则到极点，于历史研究上，也没有何等关系。大历史学家并不有待于今日精神物理学者的实验与审问；彼所用的心理学，是日常生活上普通人的心情与人生经验，与夫天才与诗人的洞察。以这种直觉的心理学构成科学，现在还没有能达到的。

常有人想按着科学的内容分类，就觉得科学的对象，不是可以这样单纯的取出，而是由科学的概念作用构成的。所以科学的区分不能照纯粹的科学对象，而止由科学的经验。我们若照各科学的实际工作上分成各部分，又把他集成各类，决不是适应于论理的区别，而是随各人的趣向，有倾向于自然科学的，就在类型与公则上注意；有倾向于历史研究的，就在各别价值上注意；常常是互相交叉的。这种要素，最微妙的连络，就在于特别价值上求出因果关系的机会。这种自然与文化研究的一致，就可以理会这两种都是世界最后价值研究所实现之合法的过程了。

虽然，就全体而言，认识论于承认特殊科学的自律性以外，已不能再有何等较远的进行了。在方法论上，人常常为寻求普遍法式以齐同一切特殊科学之意见所迷误。要知道科学对象的差别，就是因为整理对象的方法不能不有差别。认识论中，既然了解这种对象由科学思维之选择而生起，断不至误认真理概念的要素，对于特殊科学，可以按科学的本性而规定；而且这种方向，也是给人类对于世界的思想，有取得各种形态的生动性，而不至局促于一种抽象的模型了。

第三编　原理问题

认识是能知方面的问题，他的对面是所知问题。哲学的所知是普遍的原理。对于各种经验而起“这究竟是什么”的疑问，是实在问题；又如起“这是什么样出来的”的疑问，是生成问题；今分别讨论如下。

（一）实在论

实在问题的起源，由于常识上虽即以经验所得为实在，而学者研究的结果，不得不做定一种较真的实在，而以经验所得的为现象，所以有真的实在与现象的实在之对立。这是对于实在概念作价值的区别，并不是以现象为虚无为假托，而视为第二次的实在，或第二种的实在，就是“单是现出来的实在”的意义。现今科学家以原子为真的实在，而我们知觉上的一切物象，均视为原子的现象，也是此意。

本质与现象的区别，起于哲学家在自己意识方面，发现思维与知觉的不同。彼以为哲学家任务在于知觉所给的现象以后，用理性的思想，求出真的实在，所以有后物理学（Methaphysik）的名词，就是我们译作玄学的。因此名物的本质为玄学的实在，而名现象为经验的实在。后来又参入认识论的色彩，应用绝对与相对的范畴；以本质为本自实在的而名为绝对的实在，或即名为绝对；以现象为系于真的实在而存立，所以名为相对的实在。

现象既不是真的实在，现象界所有的物，能不能看作实在呢？我们所名作“物”的，一定有什么性质，在什么地方，在什么时候，在常识看来，可算是我们意识以外独立的实物。其实不过是我们的感官领受种种的刺激，而总合他们的性质于意识中，构成一个统一的观念（现象）。这种统一的观念，叫作“物”。物的区别，就在乎他们性质的区别。所以别一个时候，见有同一性质的，就认为同物；性质不同的，就认为异物了。但是这个假定，于经验的实在上，觉得不合。我们常见一物，经若干时而性质有点改变，还是此物。又一方面，也常见完全同一性质的两物（例如同一工厂所出同一号码的缝针），所以物的自己同性的话，不是与他的“性质常同”相一致。有两种印象相似而不能认为物的同一性；又有两种印象相异而不能认为不是物的同一性。例如有两个台球，我们觉得是完全相等的。若把他们打碎了，觉得与从前的球完全是两物了。这种在我们的实际知觉上，不过印象的等与不等罢了。所以不管印象的相似不相似，对于印象而想定为物的自己同一性，这纯是我们概念的要求，为要深入事物而考察，所以作此理解事实的假定。怎么样可以证明这个要求，凡知觉在体验的现象物里面，果有实际同一物存在么？我们试取一片白垩而把他们打碎了。他本来有一种性质，可以与他物区别的。现在分一片为数片，并没有性质上的区别，不过形与量的区别。然而一物已成为数物了，这对于我们所期待的同一性什么样？反过来，如有许多铅屑，本不是一物，若加热而溶成铅块，形与量又成为一物了。又如望远丛林，浑成一体，近看起来，是树的集合。这种树，一看似是独体，而实由根干枝叶等各物组成，也不过如丛林的集合体。更取木片而投在火中，更散为无数琐碎的灰，我们更从何处求物的同一性呢？

这么看来，经验的“物”的概念，大部分是不过一时的，不能满足同一性的要求。这么样还有确定不动之物的概念么？实际上保有自己同一性的物果可认识么？于是为求确定之物的概念，不能不求标准于特殊科学的思维成哲学的思维。在经验界既求不到物的实在，那就不外乎求诸现象背后的一法。物理的探求既无所得，就不外乎用玄学探求的一法。这两法中的真理，就是对于现象物的实体。常识上对于物的诸性质，本不视为有同等的价值。我们求实体的思维，就从这种已知的事实入手。我们虽并没有明确的表示，而在习惯上，常于经验的物，作非本质性（偶然的特征）与本质性（本质的特征）的区别。前者虽变化消灭而物的同一性如故，后者一有变化消灭而物的同一性也跟着改变。我们对于物的区别，常常于不知不识间依内属的范畴，由多数性中选择要素，以结合统一而为物的概念。这不但行于常识之物的观念，就是科学与哲学的实体概念，也基本于选择。实体概念，由于本质性的迭次选择而达到，我们现在不能不一问选择的根据与权利。

我们第一要考察的就是在物的经验上同一性，所必不可缺的性质。我们第一遇着的是位置，例如方转的台球，在那里动与怎么样动，是同一重要的问题。这个印象上的空间关系，是知觉全体所不可缺，很明白了。然而并不是一切物都有这种位置的联带，例如植物的产地，动物的居所，虽于生活上很有关系，而不必计入本质性。

现在要讲到颜色了。设使我们把白球染成红色，是否同一物呢？我们一定不假思索而答应“是的”。这么看来，物的颜色，虽有催起快感与不快感的效力，而于物的本质性上，亦非必要。于是可认为本质性的，惟有材料与形式了。设使我们把台球磨成骰子形，就不能认为球了。又如把同式的象牙球来换他，也不能认为同一球了。这似乎形式与材料，同一重要。然使我们有一个用蜡团成或粉搓成的球，再团再搓，成为鸡卵形或骰子形，或其他种种的形，还是认为一块蜡或粉。这是形式又随便，而所余止有材料了。

但我们又转过来，例如河流的形式，大体不变，虽水量有增减，水色有清浊，而我们还认为同一物。又如有一手杖，用了多日，曾换过新柄，后来又换过金箍，后来又换过干子，几乎原来手杖的材料，渐次的全数换过了。然而还是这个手杖，这是与我们身体在生理学上所考察的一样。

然而以形的不变为构成同一性的公式，也不见可靠。凡有机物，时有形与量变化很多的。例如槲实与槲树，同一植物，若从他的发展过程之全部变化而断为同形，恐只有科学的考察而不是素朴的观照。又如有机物的同一性，虽于全体上割去一小部分，并无损碍，如断指、断臂等是。若断了头，似乎同一性消失了，然而蛙却无碍。这是生理上实测过的。这样看来，同一性存否的界限在那里？我们得为概念的规定如下：凡一物虽有几部分失去，而全体的连络统一，仍不受障害，仍得持续他的生命的，可认为与前同一的生物。这就是不专在形式，也不专在质料，而在生命的持续性。就是有机物只要生命连续，他的形与质虽有变换，不失为同一性。

我们还可以推广一点，即普通语言上不很愿意叫他作物的，例如人格的同一性，虽个人的意见、感情、信仰在生存间有多大变化，除了病的变化以外，总认为同一性。最后如国民与国家的统一，国民的内容，虽人数如何加减，时代如何推移，而国民的同一性如故；国家有历史的统一，虽经大变化，而国家的同一性如故。

这么看来，物的同一性，由于本质性概念的规定，而区别本质性与非本质性的选择原理，随立场与视点而不同。在特殊科学上，物理学、化学为一类，生物学、心理学为一类，历史学为一类。有三个要点，为选择本质性的标准，就是质料、形式、进化。这三点就是构成实体概念时所不可缺的标准，就是于变化的经验中求出不变化的实体的方法。这里面有时间的要素，就是不变化的对于变化的关系。在特殊科学上分为二道：一是导入普遍对于特殊之原有的关系；一是导入原因对于结果之构成的关系。

依第一思想倾向，凡是普遍而不变的，可以为真的实在。例如化学上的元素，自安纳撒哥拉斯，已有此明瞭观念。或如海巴脱所讲绝对的性质，乃至多数个体中所发见物质之类的概念，与柏拉图所提出的观念（Idee）相等。柏氏说美的物含有美的观念；物体的温或冷，是温或冷的观念来去的结果。这是以各个物象，均为现象的实在，不过因隶属于普遍的而分得一点性质。是以普遍统特别的普遍主义。

虽然，此等普遍的实体，如元素，如观念，不过变性之物的概念。这种变性之物的概念，与实在之物的性质，不能一致，所不待言。而且构成概念之抽象的过程，不能不屡作较高的比较与分解，以达于最后惟一之普遍的。所以化学元素，递次增加，而最后乃归宿于单一根本原素的假定。然类概念固不能不单一，而对于物的内属范畴的本意，所说结合复杂而为统一的，不能不渐次离远了。笛卡儿之延长的实体与意识的实体之概念，与海巴脱所主张有单一性质的实在，从根本上讲起来，已经是变性之物的概念了。这种不是物质与精神对待的普通观念，最后就归于“自然”。凡自然科学上普及的思想，都以为物质是带有普通的能力、元素、法则，以为真的实在，而一物个物，都不过一时现象。

有一种宗教感情，与这种玄学见解一致的，他以罪恶视个物，不认他们有何等存在的价值，而主张没入个体于全体的神。反对此等见解的，有一种价值感情，于个体上主张人格的意识，以自由与责任为原始感情的。又使我们姑除去感情，而对于上述的普遍主义尚有纯理论上重大的批难。普遍主义不能解决下列个体化的问题：怎么样由普遍实在产出特殊个体？为什么物的元素，在这个地方，在这个时候而以这种状态结合为个物？若说是这些物体，都是实在交代的产物，这交代从那里来的？在实在本质上，不能有这个交代他们说明的思维，不过由一个物而屡屡追溯到以前的个物，陷于无限的往复就是了。于是乎可以进行的，止有以最初存在的个物为真的实体了。而这种个体主义，从对于个物的思想，有不同的规定，而展为各种形式。

第一是德谟克利泰[①]的原子论（Atomismus）。他所想到的个性，远多于现今的原子论。现今原子论，还是化学上分析的类概念，又用消极光把他分析了成为电子，这不过是回向普遍主义的一条较好的道路。德谟克利泰说原子的质料是相同的，而他们的量与形式各各不同，且各有相当的方向与速度，以行他固有的运动。文艺中兴时代的粒子论（Corpusculas Theoric）是继承他的理论的，然而在物理学、化学上竟不能成立。于是此等科学对于个体主义，不能不放弃了。

有借亚利士多德学说而以生物学维持个体主义的。亚氏曾用隐德来希（Entelechie）的概念，证明有机形体之个性的生命统一为真的实在。就是质料为要实现他的形相而发展为个物。这种用以发展的质料，在各别存在时，已有现为生活的实

---

① 德谟克利泰：古希腊哲学家，原子论的创始人之一，今译德谟克利特。

在之意义与价值了。这是最近于物的性之原本的范畴而历史的最可维持之物概念的一种。

玄学的个体主义之第三种，是来勃尼兹的单元论（Monodologie）。他以为万有由无数的单元成立。此等单元有同等的生命内容，以特殊的状态发展而生活。这些单元，都是世界的镜子，都能表象全宇宙，这就是一切事物的生命所以统一的关键。然而各单元与其他单元全为别物，因世界不容有两相等的实体。又一个单元与其他单元的表象内容并无区别；所区别的，是他们表现宇宙，清晰与分明的程度，随他们的个性而有差别。于是有疑点发生，这些单元怎么样互相映照？若每一单元，不过表象自己与其他单元，是我们所得到的不过互相对照的全统系，竟没有绝对的内容了。这就可以见普遍主义与个体主义的对待，一引入精神实体的形式，而遂为概念的难点所集注了。

缘这种概念的难点，而我们要用概念来规定个性，是事实上所不可能的。因为我们规定个性所用的性质，都是从特殊上抽出来的共通点，就是与别的个物相通的类概念。个物的特性，只有结合各种性质的方式。这种方式，必要用特殊的表现法，不能用具有普遍意义与他物同等相当的言语去表示他。所以个体不能用言语表示。个性不能以概念记载，只可感味。历史上的大人物，与不朽的艺术品，我们只能以内面的态度体味他。个性与各个性间之关系与状态，决不能以概念完全理解他，而只得用美学的体验。

依纯理论的考察，普遍主义与个体主义的反对，直接由物的概念之构成上采出来的。我们用概念规定的物，本成立于普遍意义的诸种性质，以一物与诸他物区别的，全由于从无同样之结合性质的方式。普遍主义求真的实在于普遍的性质，而以特殊之结合性质而生的现象物为第二次实在。个体主义，以特殊结合的物为有价值的本质；而以所由构成之普遍的性质为第二次的实在交换而得的要素。所以关于实体问题，普遍主义，是与化学的机械的思想一致；个体主义，是与有机的思想一致；两思想的相违，由于物概念的结合上有不同的选择。

依第二思想倾向，常住的本质与变化的非本质之区别，有本原的与派生的之关系；或名为构成的特征与派生的特征；而往昔常区别为属性与式样。例如笛卡儿以物体的延长为属性，而其他一切状态，是由延长衍出的。心的属性是意识，而精神活动及表象感情意欲等，都为意识的式样。式样常以一定的关系，与一定的条件，由属性产出，所以对于本质为相对的性质，而属性为物自体所借以构成的，所以为绝对的性质。物体之化学的本质，由实体的根本性质而成；色、臭、味等等，对于各个感官的关系而派生的，便是式样。我们人类的本质是性格，对此不变的本质而生出各个活动，行为的状态，这是派生的现象，而为本质的式样。

这区别若全是正当的意义，也以经验的认识之关系为限。因此种区别，基于因果关系之事实的知识，而非关系于论理的形式，若再推到这个范围以上，就不得不陷于玄学的难点。属性与有这个属性之物的自身，不但我们言语上，就是思想上，也不能不有区别。以属性对物自身，便与式样对属性无异。语言中语词的判断，如“甲”是“乙”的一句话，并不说主词与语词一致。我们说糖是白的甜的，并不说糖就是白，就是甜，而说糖有白与甜的性质。物自身是不指一性质而为诸性质之所有者。洛克以实体为“诸性质之不可知的保持者”，就是这个意思。

以实体的不可知而主张不必考求的，不但现代的实证哲学，实自英国观念论者勃克莱[①]发起的。依勃氏意见，性质以外无物。例如有一颗樱桃，若把可视可触可臭可味的统统去

① 勃克莱：英国哲学家，主观唯心主义者，是近代经验主义的重要代表，今译贝克莱。

掉，就没有什么了。他否定物体的实体，故所取的实体，不是感觉的集团，不过观念的一束，这就是他的哲学被名为观念论的缘故。在彼以观念为精神状态或活动，还没有否定观念的实体。到他的后继者休谟，又应用樱桃的理论到“我”上。“我”不过表象的一束。休谟在他的少作论文（Treatise）主张过，后来因招同国人反对，改作“研究”（Inquiry）的时候，就把这个主张删去了。照他的主张，实体的观念，可用联想律来说明他。实体不可知觉，不过基于同种观念屡屡结合的习惯而为想象的产物。

但我们取“我”的观念考一考，觉得自姓名、身体、职业、地位以至于内界的表象、思想、感情、欲求，用“我”的名统括起来。我们固然不能确说，在这些性质与状态以外，还有一个“我”在那里。然而对于休谟之“我不过观念一束”的学说，在我们人格感情上不能不反抗。而且这个反抗，除了感情要素以外，还有理论的要素。以诸性质的统一为“物”或“实在”的意义，决非指诸性质偶然的并列，而必为互相结合的。洛克说明范畴，谓是在意识上统属一切来会者之意义。这可以适用于一切的概念与实体的概念，就是诸性质的统属，决非并列而是结合的。

这种诸性质的统属，可有两种观察：一是全视为心理的（主观的）事实，不过借内属的范畴而实体化。一是以为若干范畴上，被表象的统一关系，适合于对象的，而有客观的意义，就有认识价值。后一说是康德用以反对休谟的。这两种观察，均不能于被统属的诸性质结合以外，别有所谓独立的实在。综合的统一，关于其形式，决不能为事实的规定。而一方面，这个形式，又不能实际的分离，而与由此形式所结合的种种要素之复合体相对立。所以实际之认识的工作，不能不由经验所示的诸种统一关系上，返求诸以本质的性质规定所存于知觉上一时的物观念的根柢所存之实体概念。而追求这实在之本质的要素，不可不有质与量的区别，即内容的性质与形式的规定之区别。

实在的量　实在的量，可分为数与大两种：

以数论，我们所经验的现象物，数实无限。我们狭隘的意识，止能得他们一小部分的截断面。这些所经验的部分，不但依属于体验范围，而且在体验中的一部分，又因记忆所存的标准，而依属于统觉作用。精神上无意识的作用，既融合新旧，而产出普通的表象；而有意识的作用之认识，又把他们的特殊性质淘汰了，以行单一化而构为概念。这种概念上的单一化，在自然科学上取“类概念”的形式；在文化科学上取“全体直观”的形式，各依他们适应于认识目的之选择的原则，以抽象非本质的而达到概念上的单一化。若就统一一切存在物与一切生成事而言，就是自然的宇宙与历史的宇宙之意义。

对于“前科学”的思维中之物概念，与“前哲学”的即科学的思维中之多数的实体概念，而设定真的实体之惟一性，是一元论。这一派多以神为惟一真的实在之代表的名词。如希腊的安纳西门特是特以万物最后的原理为无限的，而名为神的。近代哲学，如斯宾诺莎①、费息脱②、色林③、黑格耳④、西利马吉尔⑤都沿用过的。这种一元论，对于种种现象物，并不视为冷固的，而以排外的状态相对；而以为相流通，相影响，相联合，相移变而互为亲密的关系。力学上以此种关系为一切原子，交互的引力。康德以人目与世界物体间媒介的光线，说明“实体交通”的意义。与古代斯多亚派⑥“万物一致”的思想相近。而一物既能影响于一切物，

---

① 斯宾诺莎：荷兰哲学家，理性主义者，哲学上持一元论与决定论观点。

② 费息脱：德国哲学家，德国唯心主义哲学的主要奠基人之一，今译费希特。

③ 色林：德国哲学家，客观唯心主义者，今译谢林。

④ 黑格耳：德国哲学家，德国古典哲学的集大成者，今译黑格尔。

⑤ 西利马吉尔：德国哲学家、语文学家、神学家，普遍诠释学的开创者，今译施莱尔马赫。

⑥ 斯多亚派：古希腊哲学派别，由哲学家芝诺创立，因在雅典集会广场的廊苑（Stoic）讲学得名，主张世界理性决定事物的发展变化，今译斯多葛派。

结局就是一切，如安纳撒哥拉斯所主的“万物共存”说，尼哥拉斯·库沙奴[1]的“万物遍在”说，都是一致的。于是乎一切是惟一的统一，一切是溶解于惟一的自然。只有这个是可以当“真的物”即“实体”之名。现象决不是真的实体，因为现象非同一性，而且不绝的生灭变化。现象不过是神性（真的实体）的变化无穷之式样。神是一，也是一切，因为一切式样都是属于神的。这一种形式的一元论，也名作泛神。而纯粹由这种思想建设的，是斯宾诺莎的学说。他以“神-自然”的思想为基本，以“多”为他的现象，以“一”为他的本质。而“多”与“一”之思想的关系，不外乎内属的范畴。神即原始物，有属性，又有限定属性而散为各个现象物的式样。例如一块蜡，他的可以膨胀的质量，是属性，他的变化无方的状态是式样。把这个关系应用到宇宙上，一切现象物的本质，仍是一，不过存在的状态各各不同。所以实体就是“神-自然”，而第二次实在之现象，不过是“一”之真的式样。然这不过一个现象的“多”统属于实在的“一”之形式；而这个内属范畴以外，又有同等重要的因果范畴。应用

① 尼哥拉斯·库沙奴：德国哲学家，主张对立统一和认识的渐进性，是德国古典唯心主义辩证法的前驱，今译库萨的尼古拉。

这个范畴，那就“一”是原因，而“多”为随于这个原因的结果，神是能产者，世界由神所产的物而构成。神是本原的实体，而现象是派生的实体。

神的一与物的多之关系，从内属范畴，有泛神论；从因果范畴，有理神论（Deiotische oder teistischen form）。在第一式，神是原物；在第二式，神是原因。即内在性与超越性的区别。两式的共通点，是本质为惟一性的，不受何等制限，因而绝对的独立。至于多数的现象物，由我们经验上特定的内容互相制限，为有限的。

无制限就无可规定，如埃利亚学派[1]之“有”的概念，以“有”为惟一而且单纯，排一切变化而且排一切的多，说“有”是不可以言表的。中世纪神秘派的柏拉丁[2]以这个不可言表的为超越一切差别而有不可知性的单一的本质。后来的“消极神学”（Negativen theologie），就说神是一切，他没有特殊点，所以无名。就说是“反对的统一”，因而超越现实界特定的内容互相区别的一切反对。于是所说“一切即一”，不但对于我们的思维，就他自身，必是无规定的。以无规定

① 埃利亚学派：古希腊哲学派别，主张世界的本原是唯一的、永恒不变的。

② 柏拉丁：疑即普罗提诺。古罗马帝国唯心主义哲学家，思想蕴含浓厚的宗教神秘主义成分，作者称其为“中世纪神秘派”，或有误。

与无制限相合而为神之无穷的特征。

虽然，此等神秘说，虽受欢迎于宗教的感情，而不能满足知识的要求。我们的知性，要有区别，有规定，才能理解。若立一个毫无内容规定的单一实体概念，就难以说明那些表现多状的现象物。这难点最显的是埃利亚学派，他们立一而排多，且否定变化运动。于是“一”不能出自身以外，而多与变化都不能实现。这个“现”自何处来？怎么样来的？他们没有说明的方法。这个止能名作无宇宙论，就是这个现象的宇宙，在真的实体里面，就消灭了。不但埃利亚学派，就是后来的一元论，对于单纯本质发出复杂现象的问题，终是不能解决。

一元论不能更进，于是他的反对方面多元论起。海巴脱的反对一元论，最为扼要。他说若果以“一”为原理，将不能演出“多”与“生成变化”。多不是由一出，复杂不能由单纯出；在经验上的关系，就看出复杂的现象，都是每一物与其余多数的物相关系而成立的。一切物的性质，都是相对的意义，因为都是一物与他物的关系，从没有一物单从自身产出的。物理的性质，例如色，是与光的条件有关系的。心性的性质，如表象、感情、意志等的倾向，都是与一定的单独内容有关系的。而且对于生成问题，若说是从一物出来，就无从把捉，若是缺了与他物交代的关系，那就什么是开始，什么是趋向，什么是动作的对象，都无从想出了。每种动作，止能想作反动。推想全世界，是带着复杂性质的凡物，与他们彼此相应的效力，把无数物体间的关系，组成一个网的样子。

海巴脱氏既想定多数本原的实在，而以实际的生成变化，为由本质的无变化的多数之实在交互成立；以否定一元论生成变化由“一”开展的理论；又因一元论有以生成变化为实在往来的假定，而亦不能不立一种“超经验的空间”之概念，以供给实在运动之场所。这个概念，是从物理的事物之运动，结合及分离等所不能免除之“经验的直观的空间”之概念而来。关于这一点，看出多元论而说明现象的复杂变化，不能不有一种包括的统一。而这个空虚的空间，乃不能不承认为有，而与说实在无异。这是不行于多元论的。

一元论与多元论，均有不满足之点，不能不求一种结合一元、多元的系统。这一类是以来勃尼兹的单元论为最完全的形式。无内容而抽象的“一”，不能生“多”，散漫而没有余地的“多”，不能生“一”；“一”与“多”须不是派生的，而是本原的，才可以结合。于是由“一”的惟一性，单一性，而更加以统一性。我们的表象，状态，简单的知觉，抽象的概念，都是有复杂的内容，而以一种形式结合为不可分解的统一。康德于《纯粹理性批判》中，规定综合的原则：说不是由形式产内容，也不是由内容产形式，实以形式统一内容为一切意识的根本性质，就是受来勃尼兹学说影响的。单元论应用此思想于玄学，由部分对于全体的关系而加以部分等于全体的原理。宇宙复杂而统一，他的各部分等于全体及其他一切部分。这个“等”是相等性而不是一样性。一样性是一切原实体毫无质的区别，只以位置变化为区别，如近世原子论是。单元论，以一切实体（单元）各有一个与他实体相等的世界内容各以单一特殊的方式结合起来。这是一方面对于普遍主义与个体主义的要素，他方面对于一元论与多元论的要素，都是等分考察的。宇宙的同一生命内容，于他的各部分中各为特有的结合以成特殊的统一。一切这等部分，与全体及其他部分互相等，而又各有其独立的本质。相等性与统一性存乎内容；而差别性与复杂性存乎结合的方式。所以各部分均为具有特别形式与色彩的世界镜，而自为一小宇宙。近代思想家为洛采氏，于他的发表思想的著作，即以小宇宙（Mikrokosmus）为名，也是这个意思。

以大论，关于现象界的大，有空间的、时间的与强度的，都可用数的计量；在真的实体上就没有数量可计，而纯为概念上的解决。就是超越人类计量能力的实在，其全体是有限的抑无限的之问题。

古代哲学家以真的实在为最完全，为有限；而以第二次实在为未成的实在，为无限。后来受神秘派神学的影响，以神为无限的，于是对于人类，对于神，均以意志为最高的实在；以为知性有限而意志无限。绝对意志，就是神之无际限的万能力；而人类也得感有无制限的意欲。笛卡儿以意志之无规定性无限性为无际限力，而为人类所具之神的要素。近世玄学家由此根本形式对立无限实体与有限实体时，以有限性为存于延长与意识，而以无际限的意志为精神的实体，即神的无限性之小影。我们习惯上常以神（即本质）为无限的，而以现象的事物为有限的。

在文艺中兴时代，虽有人主张万物无限，而神即宇宙，所以神之显现的方式，也一定无限的。然经尼哥拉斯·库沙奴的订正，就结束了。尼氏以为本质现象有价值的区别，万有的无限性，也不能与神的无限性同价。且谓无限性（infinitum）与无制限性（interminatium）有别。后来哲学家用积极的无限与消极的无限，或且用善的无限与恶的无限等名义。总之，神的无限性，是超越时间空间的意义；而世界的无限性，是于时间空间上无际限的意义。

至于时间与空间的无限性，于直接经验的意义上，本非经验的事实，固不待言；然而这个却是我们经验上一个自明的前提。我们每一个知觉，都带着有限之空间的大。空间的无限性，却无从经验；然而这种无从经验之空间的无限性，可以产出空间的统一性与唯一性，可以为各个知觉的理解在意识中发展之前提。

每瞬间知觉上空间的大，共属于同一的视界，或各种触觉转置于同一触觉的空间，这已经是空间统一性与惟一性的思想发展之初步。若眼的动作与触觉的动作共组一空间的表象，于是视觉的空间与触觉的空间一致。这个一致，是由经验而得的。若我们由彼而此，由昨而今，凡才起的空间经验，都举而移入于同一的全体空间，那就我们经验所得的，都为属于全体空间的部分。在共同生活上，我们各个人所体验的空间观念一致，共以这空间为同一无限的；因各个空间为知觉的人格所占有的，都失了中心点，所以空间是无限了。而每个人空间的经验，也就是无限空间的一部分。虽然，这个统一性与这个同一性，非直接经验，而是一种要求；大多数人，并不置此种意识中，而于现象间为共存、异处等规定时，要为必不可不豫想之自明的根本前提。康德所说的空间直观的先验性，就是这个意思。这个先验性，并非如心理的先天性，设想取一无量大的箱子放在世间，把一切特殊物都装在箱里面似的；他是按一种事实，如我们讲到一种并列的物体，或讲到一所分界的空间，就不能不有一个前提，就是说这些空间都是无限空间的一部分。在玄学的要求，作统一世界想，就必有这个无限空间的前提。

上文所说空间性质，一部分是适当于时间的。时间的统一性与无限性，也不是直接经验而是一种客观的前提，以一切实物一切事故为同属一世界的。凡有各别的直接体验，都是许多分离的时间之大、与有穷的时间之关系。每个人各有他个人的（主观的）时间，由各别之意识状态的总和所成立。这等直接经验之时间的综合，就是惟一无限的时间；各个人所经验的一切时间之大与时间之关系，都是此无限时间的一部分。

但是时间直观与空间直观，也有根本上的区别。空间的统一，例如有一物体，由甲点移到乙点，二点间各点均不能不通过。这是连续推移的统一。而时间体验，在意识上，却为一种不连续的片段之作用。统一此片段作用而为共通的时间经过，必使时间得连续性的特色，与空间相类。现代柏格森[①]氏以自然主义的心理学与玄学，均有根本谬见，起于时间的空间化，是很有意义的。

---

① 柏格森：法国哲学家。

时间空间的区别，对于“空虚”观念的关系，也是一端。普通人以空虚的空间为理解运动的前提，虽为自然哲学者所否定，然可以有此表象，若空虚的时间，是不能表象的。

实在的质，现象的实在，以各具种种性质，得用为互相区别的标准。一方面此等性质，又自己不绝的变化；因此性质变化的事实，而实在之真的性质问题，遂不得不起。这个现实，在我们思维上，有以常住为本原的性质、以变化为派生的性质之习惯。经化学者修正，而幼稚之物的概念，代以元素的概念，还是基于这个动机。然也有同一的困难；由元素化合与结合而生的实物与所由组织的成分，全然性质不同，例如轻（氢）与养（氧）以一定比例，化合而成水，水之物理学化学的性质，与所由组成的轻（氢）养（氧）二素之性质完全不同。何故轻（氢）养（氧）二素以一定分量结合，而能成此性质不同的水，无论何人，不能论证。除认为事实以外，没有别法。这种理解，想用一个原理来演绎，竟不可能。如结晶化、原子量、溶解点、电气作用等，都是这样。关于分子的构成，现代理论，也还不明了。现今就原理讲起来，比较恩比多立用“地、气、火、水”四元素来说明一切的时代，还没有什么进步。

但是回到化合之量的关系，仍有意义。关于此点，由物之质的差别而回到量的差别，为忠于研究自然的倾向。就是举所知觉的事物，就他们对于我们种种感官的关系，而说明相对的性质，也是这种倾向。例如色的感觉，无涉于目外的感官，于是乎凡有目所能感觉的，都作为色的性质，就是色属于目。其余声属于耳，臭属于鼻，等等，也是这样。以物的性质依属于感官，普通名为“感官特殊的能力”。在古代，既于此等依属各感官之特殊性质以外，认物体之空间的形状、位置、运动等为一切感官共通的性质。此等性质，第一次的，固然止为视觉与触觉所介绍；而第二次的，就与其他诸感官的感觉结合起来。所以对此等性质，假定为一种共通感官的关系；而同时亦认为有一种实在的价值，在特殊感官的性质以上。因为认特殊感官的性质，不属于物自体的性质，而不过为物自体对于知觉意识表示的结果；这是洛克所以区别为第一性质与第二性质的理由。

这等见解既被公认，于是激刺的运动，与由此而开展的感觉之间，所有并行的关系，渐定为规则，而知识益益确定。例如声音与弦与空气振动数的关系，就是一端。这种自然不是概念的判断，而是事实的关系。凡性质依属于量的，都不是分析的、概念的，而是综合的、事实的。何故一秒间以太四百五十兆振动而现青色，没有人能证明理由的。然而事实上的关系，不失为自然科学世界观的基础。依这个见解，量的性质，是绝对的，属于第一次实在之本质，质的性质，是相对的，是第二次性质，而属于实在的现象。

对于意识的最后实在性质，也象外界的，用概念作为单一化，有主知的心理学，与主义〔意〕的心理学，互相对待。主知的以表象为意识的根本作用，而以感情与欲意为表象间紧张的关系，可以海巴脱为代表。主意的以意志为根本机能，而以表象为意志的客观化，可以叔本华[①]为代表。调和这两种见解的，又有主情的心理学，以感情为根本，而以意志与表象为平均的潜伏在感情里面，以不断的关系，两方互相发展；这可以斯宾塞尔为代表。这一派的意见，不以知情意为三种分离的活动，而认为人生之本质与作用的三方面。这恐是最近于真理的。

近世心理学又有一种反主知论的理论，即以意志或感情为根本机能，而表象乃其结果；且又以根本机能为无意识的，但无意识是无从体验的情状，仅可为说明意识的假定，决不能用以解决意识问题。现代研究心意本质的，都以意识为包含感觉、判断、推理等作用，以及感动、选择、欲求等活动。此种

① 叔本华：德国哲学家，非理性主义哲学的创始人。

意识，在常识上看为与实际表现分量的物质全然不同，于是有物体与精神、感觉的与非感觉的、物质的与非物质的等等异性质的标识。

但这等二种实在，有何等关系呢？在常识以此二元性为自明的事实，没有怀疑的余地；但科学的思维，尤是哲学的思维，以实在全体统一观的倾向，为一种根本动机，不能不循这种倾向而进行。进行的方法，或于两方中认一方为本质而以他方为依属的现象；或以两方共依属于第三者的本质。第一法中，或以物质为本而精神为属，是惟物论；或以精神为本而物质为属，是惟心论。

惟物论的动机，可别为二：一种是玄学的，以一切实在，都应存在于空间的。在素朴的思想，总以实在为即在空间占有地位的意义。所以精神的活动与状态，就是存在于我们的脑髓与神经系的。非物质的灵魂，也必在天上占有地位；鬼有住所，可以招致，且可以照相。宗教上的设想，以为神的超空间的性质，与神的遍在空间，没有矛盾。古代斯多亚派以实在与体魄为根本概念，常常互见。近代代表此派惟物论的是霍布士[1]。

① 霍布士：英国哲学家、政治学家，机械唯物主义者和经验主义者，今译霍布斯。

彼以空间为实体之表象的形式，而哲学就是体魄论，自当包有人为的体魄，例如政府也是实在，因为占有空间的缘故。

又一种是人性论的（Authropologisch），以精神为附属于物质的。看我们精神状态，随男女、老少、健病与一切体魄的变迁，而随时均受限制。这是有机体合的活动的作用，并没有于肉体以外，再立“精神”的必要。这种思想，自十七世纪以来，因反射运动的观察而确定。反射运动，不但为合的性的特征，兼及于顺应力及完成力。其始由笛卡儿一派，以反射运动说明动物的机械运动。后来拉美得里①应用于人类，因而有“人类机械论”。十九世纪法国的加伯尼②与勃鲁舍③，德国的伏脱④与摩尔沙脱⑤，都是这一派。

十九世纪中段有福拔希⑥结合以上两种动机，而建立辩证论的惟物论。他把黑格耳所说“自然是精神自身上离异的”一

---

① 拉美得里：法国哲学家、医学家，主张人的精神活动决定于人的机体组织，今译拉美特利。

② 加伯尼：法国哲学家，庸俗唯物主义的代表人物，今译卡巴尼斯。

③ 勃鲁舍：法国哲学家，今译布鲁赛。

④ 伏脱：德国哲学家、自然科学家，庸俗唯物主义的代表人物，今译福格特。

⑤ 摩尔沙脱：荷兰生理学家、哲学家，庸俗唯物主义的代表之一，今译摩莱肖特。作者称其为德国学者，有误。

⑥ 福拔希：德国哲学家，形而上学的唯物主义者，今译费尔巴哈。

语转为“精神是自身上离异的”。十九世纪的惟物论的著作，都作此想。一部分可以步息纳①的“力与质”为代表，他部分可以都林②的著作为代表，而斯托斯③的《旧信仰与新信仰》是最称精博的。

较为高等的惟物论者为斯托斯等。仿用黑格耳“自然超越自身”的语风，而以心意的实在为物质，或物质作用之特别的一种，古代为德谟克利泰，曾说精神是形体中最为精微的，由火的原子成立。法国惟物论者呵尔拜赫④著《自然的体系》（*System de lanature*），也以为普通人所说的精神动作，不过原子之微妙的、不可见的运动。现代阿斯凡德⑤说意识如热电等，也是能力的一种。但是我们既然觉得心的实在与物的实在有根本的区别，而说甲是乙的一种，犹如说梨是苹果的一种，狗是猫的一种，殊不合理。若说心意状态是物质的结果，或是由物质上特别精妙组织而产生，也觉得不可通。因为物的实在状态是运动，心的实在状态是意识，依然是异质的。就

---

① 步息纳：德国医师、哲学家，庸俗唯物主义者，今译毕希纳。

② 都林：德国哲学家、经济学家，在哲学上持折衷主义的观点，今译杜林。

③ 斯托斯：德国哲学家，著有《旧信仰与新信仰》，今译施特劳斯。

④ 呵尔拜赫：法国启蒙思想家，哲学家，无神论者，今译霍尔巴赫。

⑤ 阿斯凡德：德国化学家、自然哲学家，今译奥斯瓦尔德。

使一方面推到极微妙，一方面化到极单纯，谋两方面的接近，而两方根本上的区别，还是没有除去。无论怎样微妙的运动，终还不是感觉。激刺与感觉的关系，志向与目的运动的关系，从经验的研究上可以看出两者有一种因果的关系。我们慎重的态度，不敢就说是因果关系，而仅仅说是不变的关系。然而我们无论在何种机会总不能说意识状态就是身体的运动状态。我们不能说两者是同性，至多说到他们有因果的共属关系。而此等一定的共属关系，也不过是经验的事实，而不是论理的分析之结果。在视觉神经的刺激状态，无论怎么样的取得物理学化学的定义，但他的伴以一定色彩感觉的理由，惟物论上还没有能证明的。

惟物论上既不能维持他们的意识与物质状态同一视之主张，于是转到反对方面的惟心论。最简单的是勃克莱的见解，说是物质界的存在，不外乎知觉。后来洛克所说的“物自体”，在勃氏号为“性质之不可知的实在之保持者”，例如樱桃，不外乎他的各种性质之总和。这等性质，就是意识的实体，就是精神之状态与活动。这种精神，不论是无限的属于神的，或是有限的，为我们所经验而得的，同是惟一的实在。别种惟心论，除神学的教义以外，可指数的，还有来勃尼兹之单元论，费息脱之先验哲学的惟心论，黑格耳之辩证的玄学的惟心论，这些学说的区别，是对于根本的精神之实体，或说是各个的心的存在，或说是意识一般，或说是普遍的自我，或说是世界精神等等。又有以意志为真的实在，而以物质界为他的现象者，是叔本华等主意论的玄学。

这些惟心论的根本动机，是从奥古斯丁①、笛卡儿起的。他们以为在我们的知识上，一切外界的材料，都是不确不定的；而我们精神的存在，自己的存在，是绝对不可疑而可信的。由这派演出的，无论是主知，是主意，都是以心意的实在之直接经验为本原的，而在玄学的理论上，就认为真的实在。

然而这种惟心论，也有与惟物论相等的难点。就是精神怎么样能转到完全不同的物质界观念？勃克莱说这种观念，是无限的神所给与有限的人类之精神的。然纯粹精神的神，何从得所谓物质之原型的观念？来勃尼兹说是单元之最低度的意识状态，就是物质的状态。这也与惟物论者以感觉为物质最微妙等运动，同一不合论理。费息脱说感觉的内容，是“我”之无原因的自由所限定的。这也不过从空漠的“非我”来替代物质。黑格耳以精神自身他在而为自然，也与勃氏等见解同一

① 奥古斯丁：古罗马帝国哲学家，基督教哲学的确立者，被称为“圣奥古斯丁”。

空漠。

惟物、惟心两方面，均没有解决这个问题的希望，而二元论又不是科学的与哲学的思维所许，于是有建设“第三界”的思想。在斯宾诺莎的哲学，以实在的全体在事实上有两属性。近世哲学或以无意识的概念当第三界，如哈脱曼的无意识哲学，就是渡到无意识的一元论的。

现代的一元论，以物质与意识之二属性，不是静的并列，而存于动的生成之过程。各个现象的生成，二属性必同时伴起，惟以一系列为主而他系列为副。而近日最通行之一元论，乃以物质为根本实在，而以意识为依属于他的现象。这不过是假装的惟物论。而于是实在论，遂不得不移入生成论。

（二）生成论

实在问题，以物体为中心；生成问题，以事变为中心。事变有位置变化（即运动）与性质变化两种。但一说变化，常不免倾向于不变而常存的感想。于是或回向物性问题，或归宿于统一各种变化的主体。

每种事变，至少有两个状态，依时间前后而联结。没有时间的要素，就不能存想事变。正如因果关系上去掉时间的要素，就不是实际上的因果，而是论理学上的理由与结论。假如斯宾诺莎说神的无限本质上，事物与法式必然的永久的联带而来，这很像说三角形的本质上，内角之和等于两直角的条件必然的永久的联带而来。不过论理的数学的关系，而不必是事实的关系。

但是事变的概念，也不能单以时间的系列为满足。例如我们在一间屋子里面，初闻人语，后来又闻开车的汽笛，这两种声音，是时间上有系列的关系，然而不能联成一个事变，因为他们没有事实的联络，所以不能把复杂的成为统一，我们若问怎样可得到统一？可以两种条件为答案：一是属于同一物的事变，例如甲物有子丑两种状态依时间前后系列，就是由一种状态推移到别种状态，这名作内在的事变。这种事变，在意识上表象与表象，情意变动与情意变动，都有前后系列的状态。在物体上也有这种现象，就是凭着惰性所给的方向与速度而前进。一是异物间的关系。例如甲物若有子的状态，乙物就有丑的状态，依时间的系列而出现，这名作跳越的事变。这种事变，在两人以上此心与彼心间固可直接经验，而心与心的交通，不能不借肉体的媒介，所以得想象两种跳越的事变。一是两物体间所行之物理的事变。一是心与肉体，或肉体与心之间所行，如普通人所想定之精神物理的事变。这种事变上，凡有构成事变的诸状态，于时间的继起上有必然的结合。

这种必然的关系，在时间本质上，可有两种互相反对的方向，就是以时间为线状而取他的一点作出发点，可有前后两方向，即过去与未来。第一，甲若存在，乙就随伴而来；是甲为原因，乙为结果。第二，若要有乙，必先有甲，是乙为目的，甲为手段。就是事变的要素上所具之必然性，或为结果性，或为必要性，而他们的依属关系，或为因果律的，或为目的观的。

因果关系　因果关系，可别为四种根本形式。

第一，一物为因，他物为果。这怕是因果关系应用上最根本的形式。他的意义，是由原事物而产生一个新事物，在有机界最为显著。例如植物能开花，能结果；母体能产卵或产胎儿等类。但依科学的观察，这种意义，止能适用于现象界的事物，而不能推用到本体。止有宗教性的玄学，用以说一切事物最后的原因。如笛卡儿说无限实体造有限实体；来勃尼兹说中央单元造一切特殊单元等。

第二，物为原因，而物的状态与活动为结果。例如人类为种种行为的原因，心为种种意识作用的原因，物体为种种运动的原因。照此意义，实以物有能力，故能生种种状态。在内界，有意志为决断的原因，有悟性为意见等原因；在外界，有惰性或有机的生活力，为运动的原因。就是以物的属性（力）为一切特殊作用的原因。但是特殊作用的活动，不能专属于力，还要有一种适于活动的机会，因而有能动的原因与机会的原因之区别。所以照此说，我们可认为原因的有三方面：或是能力的，或是机会的，或是兼具能力的与机会的。

第三，与前说倒转而以状态与活动为事物的原因，例如先有建筑，始有家室等。在康德与从他而起的哲学家，都有这种动的自然观。尤是色林的自然哲学，以引力与抵力为物体所由生。费息脱一派，也以行动为最初，而实体是他的最早之产品。他所说的“我”，并不是固定的原素，而是一切表象、情感、意欲等等动力之有机的综合。即如现代自然哲学上的能力论（Energetik），也不外乎以动力解决原子的问题。

第四，于各种状态间，以一为原因而他为结果。这可别为内在的原因与跳越的原因。在心意上，由知觉而生记忆，由目的之意欲而生手段之意欲，由理由之知识而生结论之知识，这都是内在的。在物理上，如有机界，以消化为制造血液的原因，以末梢神经刺激为脑中枢刺激的原因，也是内在的。但是纯粹的物理界多属于跳越的原因。或由一支体到他支体，或由一原子到他原子，都是跳越的。这一说是四说中最简单的，例如运动，推动的物体是原因，被推动的是结果，从盖律雷[①]以来，凡研究自然哲学的，都以这种因果说为标准。

这四种差别的由来，不外乎同一事实，可以由各方面观察；而且在原因复杂的情形上，那个是主因，那个是副因，也可以有不同的观察。因果间量的关系之别，也是这样。笛卡儿说原因至少含有与结果同等的实在性。力学上因与果有相等性的原理，自盖律雷以来，公认为真理。然也有人说，日常生活上，有以微因生大果的，有以极大动力之装置而得微细之结果的。就这种量的不同之观察，也可以悟因果说所以不同的理由了。要之，因果范畴，是一时应用的形式，若要求事变之真的科学的概念，还在形式以后。

凡是一个事变被别的事变所规定的，就名作必然性。在跳越的事变上最简明表示的，是甲的运动，推移到乙，成乙的运动。由甲乙两物的运动而成一事变，物体虽异，运动惟一；他的后面，就有世界自己同一性的假定。不问现象上有何等变化交代，而世界常同一。不但指不生不灭的实体，而且于现象的事物上所造成事变的运动，也视为同一。凡有我们叫作结果的新运动，都不外乎叫作原因的旧运动。凡有说因果要求与因果原理的，都含有这种同一性的假定。这种同一性的假定，在时

---

① 盖律雷：意大利数学家、物理学家、天文学家，今译伽利略。

间上的追溯与豫订，都可适用。例如我们有一个新的体验，我们就要问问这是从那里来的？这就是豫想：怕是从前在一种地方曾经有过的。随后又要问问他将往那里去？他将变作怎样？这就是豫想：他不能从此就消灭了。这种意义，在机械的因果说上，竟可以说：原因是结果以前实物的状况，结果是原因以后实物的状况。就是能力恒存的原理。所以世界无所谓“新”，一看是新的，其实不外乎旧的。

然而因果间同一性的假定，不过对外界印象时，我们知性的一种要求，与一个前提。若在我们日常生活上，与特殊知识上所认的各个因果关系，与科学上所见的各个因果法，觉得事变上综合的联结之诸状态，大部分，自始至终的过程，不是互相类似的。除了一物体运动推移到他物体，算最为类似外，余如化学的变化，电机的摩擦；或别种过程，如以电光为雷鸣的原因，以日光为冰融与花开的原因，以举杖为犬走的原因等，因果间都不是同一的。因果间差违愈大，两事间因果关系就愈不可解。

关于这种不可解性的论著很多，他们根本意义，就是说：在论理的分析上，决不能寻出由原因构成结果，与由结果发见原因的特点。然而也有主张两者的关系，全然与动及反动、压力及反压力的关系一样，由一方变到他方，毫没有所谓不可思议的。机械的各部分，传运动于他部分，可以由各个的基本过程分解；应用这种方法，把异质的因果关系，分解作等质的单纯因果关系，就容易了解。自然科学上对于物界的一切事变，都用机械的说明，例如热是分子的运动，电与光是以太的振动等，理解的要求，产出同一性的根本假定。物界的现象，既以分解为单纯形式，而得理解因果的性质，推到有机界，也用机械的理解；推到心理界，也可分解为基本作用，以理解他的因果过程了。

笛卡儿派对于异质因果的不可解，以为物心两方面的理解，都不成问题；而不可理解的，是精神物理的事变。到葛令克[①]始推广到全部。以为一方的内容，决不是存在他方的内容。所以原因与结果，不能有论理的关系。就是由一物体传运动于他物体，也是不可理解的。何故一种状态，在事实上必然的有全不同的状态，与他联带而来？不管是异质的或同质的，决不能求出论理的理解。所以不独跳越的事实，就是内在的事变，也是不可解的。总之，因果关系，完全是综合的，不能为论理的了解。所以作因果关键的同一性假定，也就不能为合理的了解。

① 葛令克：佛兰德斯哲学家，今译格林克斯。

我们实际的体验，常由思维而加以合理的要素。若除去这种要素，那么，实际体验的内容，所余存的，不过时间的关系了。我们的知觉，有前后关系么？有要求因果关系的解释之权利么？这是一个疑问。我们不觉得时间继起能造结果，正如我们觉得“物”是一种联合诸性质的结纽。所以因果关系，不能为合理的认识，也不能为经验的认识，因而因果关系无从认识的结论就起了。

一个结果，所联带而来的，常有许多的时间继起。我们不过于其中选取几个时间继起，要求因果关系的权利，且亦仅仅对此关系上承认必然性的特色，是无可疑的。但此种事实，可以由各方面作不同的解释。而我们因果观念上所含的要素，也可以互相差异。就中如休谟的见解，因果关系，不是合理的与经验的所给与，所以不是分析的感觉的所能理解。他的起源，实在于屡次同种继起之内的经验。甲表象后有乙表象，屡见而成习惯，由这种习惯而甲乙间联想容易推移，于是感有甲观念起而乙观念不得不随之而起的约束。这种约束的感想，是因果关系必然性的起原。这个关系，不是专在甲的观念与乙的观念之间，而竟觉得在甲物与乙物间了。所以我们在实际经验上，一观念起时，必然的他观念随之而起。于是乎我们内界有一种动作的体验，就是在时间上规定原因与结果。这种动作的体验，从休谟提出后，后来的哲学家又附加以他种的体验。凡人在记忆上想起一事，实际上是从寻求而起。这是用我的意志作表象的原因，我并不知道意志是怎样做到的，然而我们所体验的，有这种动作的事实。又如我要举臂，就举起来了，我并不知道为什么要举就举，然而我所体验的，有这种事实。在别种方面，依我的意志，发起一种冲突，一部分在我的支体上，一部分在对象上，我并不知道这种冲突有什么别种原因，然而我体验着，有这个事实。照这两种情形，我觉得在动作的体验上，有由原因生结果的必然性之感情。这就是力的概念之起源。在外界经验上，以力为运动的原因，不过用内经验来解释外经验。严格说起来，外经验所给我们的，不过事实的时间继起。所以德国基希呵甫①与马赫②的实证哲学，主张物质科一次的或一般的时间继起之事实为限，而不参以力与动作的概念。

然而也有一种主张，与此说对待，而以必然性为因果关系上决定的要素。因为止有这个必然性，能把事变上种种要素统一起来。而且也止有必然性，始能在许多时间继起中，取出

① 基希呵甫：德国物理学家，今译基尔霍夫。

② 马赫：奥地利物理学家、哲学家，经验批判主义的创始人之一。

有关原因的几件。这个必然性，固然是心理上动作的感情，然而论理上也可适用，就在时间继起的普遍性上。甲如来，必有乙随之而来的主张，就是甲乙二要素间有事实的、一义的结合之意义。这种结合，是不问甲在何处出现，或以何式出现。总之，一有甲，就必有甲的结果乙随之而来，这是论理的条件。在这种因果必然性的意义上，是无论甲的出现是一次，或多次，都没有关系。有人说，因果关系之仅现一次而不能再见的，不能纳入论理的因果式，是不可通的。因果必然性的主张，含有甲再来时乙必随之而来的假定。即因果关系，有一种时间继起的特质，在一般时间继起中以特殊情形而出现。所以各个过程的必然性，实为普遍性所规定，就是由时间继起的规则而规定。康德的因果关系定义“一物在时间上，依一般规则，而规定他物的存在”；也是这种意义。这个普遍，就是联合因果两要素而成统一的事变之结纽了。这种规则，我们就叫作法则。于是每种因果的断定，都得指示普遍妥当的因果法。因为有这种连络关系，所以一切事变必有原因的原理，遂取得自然合法性的原理之形式。

由这种法则的概念，可以知道特殊的对于普遍的，有依属关系，是论理方式。这种方式，可以替代劳无功的分析法。一般的综合，是事变的要素必然性的本质。所以因果范畴，有两种要素的结合：一是个人内界之动作的体验；一是特殊依属于普遍之论理的前提。日常生活的因果观，常偏重前者；各科学的因果观，常偏重后者。

机械观与目的观前文概论事变，曾说一义的时间继起，有以起初规定终结的，也有以终结规定起初的。于是必然性中，可有结果性与要求性两种。在第一种上，有了甲，必更有乙。在第二种上，要有乙，先必有甲。但乙的由来，并不限定一甲，也可以由丙或丁……等等。例如运动，有由于冲撞的，有由于压抑的，有由于热力的，有由于磁性的，有由于达一种作用的。这种事实的依属，都没有违异于论理的依属。在论理上从理由得结论，是常常确定；从结论由理由，就不能一定；因为同一结论，可以得种种理由。我们从此可以引到自然法逆转问题。我们可以说，有同一原因，必能生同一结果；然而同一结果，是否必出于同一原因，便是问题了。所谓同一结果常有同一原因的假定，是自然合法性之原理的要素，而为归纳法的思想与推论之前提，所以于事变之最普遍的形式与我们最复杂的经验上固为适用。然而此种可以逆转的关系，究不过日常生活的语调，而在特别研究上，就不能一样。总之，在物理学、化学范围，可说是机械的；而在生物学范围，可说是目的观的。在一方面，例如养（氧）与轻（氢）为一与二比例而结合，可以成水。于是要成水的，就不可不取养（氧）与轻（氢）按照一与二之比例来化合。在别一方面，例如有机物为要有各种光的感觉，就不可不具有眼的一种感官。于是有一种机械观上所不适用的语气，就是用“止”字来形容因果律的转换。在有机论上，可以说“止”有在适中的气候上，有机物可以生存；就是为有机物的生存计，必需适中的气候之意义。

有机物的生活与形体，由他的一定机关与一定机能而后可能；然此等一定的机关与机能，又必在有机体而始可能。就是形造结果的全体，规定他必要的部分；部分是“止”于全体上存在；全体是“止”由部分而可能。时辰表是由先已成立的机轮等所组成；而有机体的各部分是他所自产，所以组立全体的根本形式有二，即机械的全体与有机的全体。前者部分先全体而成立，全体“止”由部分而可能。有机的全体，就不是这样，他的部分受全体的约束，待全体而始可能。所以有机的生成，乃所谓结果的终局，受初始所规定的，这就是目的观的说法。

向来天文学上习用“合目的性”语，希腊哲学家恩比多立已经用在有机物生活上，近来又应用在达尔文的适者生存的进化论。因而人人以为目的观的问题可用机械论解决了。然而我们不可为术语所欺。试问照此意义，所谓合目的性，是怎么样？由天文学观察，所谓合目的性不过能继续维持秩序。由生物学的进化论观察，所谓合目的性，不过保持自己与后代的生命，就是有生存能力者生存。有生存能力者生存，是自明的事；或想对于适者而加以一种意义，就是价值概念。这个价值概念，与一切无关生存能力的观念或目的等等理想相对，而为一种实在的意义。而普通对于有生存能力者生存，用广义的合目的性，包含机械的发达之产物，与生存上自然淘汰的事实来证明他。然由事实上考起来，价值概念上合目的性，与生物学上生存能力的合目的性，并不完全一致。例如猛兽毒虫的生存，在生存能力方面，不能不认为必然性，而价值不免缺如。所以适者生存的价值。也不过供自然主义的乐天观者之惊叹罢了。

这些不一致的意见，大部分是因一词而有多义的缘故。就是“进化”一词，也有很相近的两义：一方面是自然法则上，全不含价值关系的；又一方面，是人类体验上，参加以价值关系的。例如由星云而进化为天文系，这不过由简单而进为复杂的过程罢了。然而普通思想，就参以愈简单的价值愈低、愈复杂的价值愈高的解释。斯宾塞尔的进化论，就完全以这个作根据的。

目的观有真伪两种：真的目的观，有一种目的，就是未来的实物，能于实现以前，规定实现上所必要的手段。伪的目的观，仅有一种意向，是结果以前诸原因中一因，就是以未来观念为目标，而成立意志活动的。用人类意向的目的观，推到自然法，于是不得不归于神的志向，因而神的意向之目的观与真的目的观混同。然而自然过程上，与意向的目的观可以证合的实不过一部分，因而激起辨神论问题，仍不能不转入于目的活动与自然必至两方面之异同而引入二元论。

精神物理的事变 哲学上所以常常引入物心对待的二元论之故，实因物的事变与心的事变之间，常相违异；欲得两方结合的可能性，而互相推移，是一个至难的问题。

这两种事变，有各种差别点：

第一，是连续性的差别。物的事变是运动，运动是空间上位置的改变，常相连续。例如由甲点行至乙点，两点间的空间，没有不通过的。心的事变就不是这样。各种意识作用，虽相继而起，却并不互相连续，并没有渐次推移的痕迹。例如听言语时，一声以后，又有他声，各有独立的性质；并不像球类的由右而左，必要通过中间。

第二，是常暂的差别。由可见的物体以至原子，凡在空间运动的，都止有外的变动，而物体内容依然如故，且他的事变，随着运动的过程而消失。心的事变，是集表象、感情、意欲以为统觉，常随事变的过程而集积，乃可以常常体验的。不但个人，即文化发展的全体，能常存不灭的，都是事变的产品。

第三，是进行性质的差别。物体的进行，完全是依属于位置之空间的关系，无论是化学的物理的以至于有机的，凡所说静止与运动，都以位置的有无变动而定。心的事变，是有一种前后相贯的意义，毫不涉空间关系的。例如梦的联想有类似与对照；判断上有各表象之事实的连络，意欲上有以何种手段达到目的之关系，都是与物体的仅仅变易位置不同的。

第四，是两方由简单而复杂时结合方法的不同。在物质界，力的合成，就以“力的平行四边形”为根本式，当合成以后，单纯的初式，就不可复见。心的事变，在复杂状态中，所集合的成份，仍不失其特性；不过有一种统一的形式罢了。这一点恐是物的事变与心的事变最主要的差别了。

物与心的事变，既有显著的差别，物心间相互的关系，遂愈难理解，于是精神物理的因果关系，遂为一大问题。在笛卡儿一派，已说因果关系，在意识与物理，画然两界。近来最通行的为精神物理的并行论。这一派的见解，是说物心两界，并不互相为影响，而两界的事变，无论何等段阶，常有一义而并行的关系。由同一根本实在，而一致的分现于两界。于是所谓精神物理的因果关系，不过此界状态与彼界常相对应罢了。

说明这个并行论的，以“能力恒存则”为最广。然照科学上“能力恒存则”考核起来，仍不能说明精神物理的因果关系。因为照“能力恒存则”的原理，在物的实在之全体上自成统一；由运动能力与位置能力的分配而定运动的方向与强度，是用机械的法则支配的。若说物理的运动，还别有一种精神的能力作主动，就是破坏物理界“能力恒存则”了。于是应用“能力恒存则”于物理精神学的，变而为意识界有一种特别的能力，感觉神经运动为意识，就是心意的能力；最后由意向而再变为运动，正如物界之运动变热而热又变为运动相对应。但是这种解说，在“能力”一词上，又添了几种非科学的意义；心的机能，与科学上“能力恒存则”的能力，并不能一致。所以精神物理的因果关系，尚不过得到几种幼稚的假定罢了。

第四编　价值问题

（一）价值

理论与价值，同有肯定与否定的形式，而范围不同。例如说“此物是白的”，或说“此物是好的”，文法上形式虽同，而上句是事实的判断，下句是价值的判断。事实判断上，宾词就是主词的性质。价值判断上，在幼稚的思想，也以为“善”、“美”等词，与其他附属于主词的诸性质一样。细考一回，就可知道价值判断的宾词，决不是一物自身的性质，与专属自身的关系，而是由价值意识上发生的。但价值判断，也有普遍的妥当性，与事实判断一样。在各个经验意识，以自己价值评判为适于普遍，似是当然的事；然经验稍富，而这种自信的成见，就被破除。所以价值判断，实为人生的一问题，也就是哲学的一问题了。

价值的概念，或以满足要求为定义；或以惹起快感为定义。一方是以意志包感情，为主意论的心理学所主张；而他方以感情包意志，为主情论的心理学所主张。主情论以感情为心意的根本作用，因而说思维与意欲，均由这个根本作用派生的。而主意论又说快感是意欲上满足的状况，不快感是不满足的状况。在有意识的意欲，固然很觉得清楚，就是无意识的意欲，也是这样，例如饥了就不快，饱了就快。但是在基本感情上，如色、声、臭味等等，往往显出不从意欲派生的反证，而且人类有一种反对意欲的感情，尤其不是主意论所能说明的。至于主情论的说明，本为快乐主义与功利主义的理论所自出，以为一切意欲，没有不从快与不快的感情之体验而养成的。然而有一种反证，就是本能，这是一种基本意欲，并不经何等快乐的经验而早已实现的。且我们的行为，也往往有明知不快的经验而毅然进行的，或者以此种本能归于无意识的本原，说是由遗传而得，可以得较大的快乐。然而无论如何，在个人固有不顾将来之快与不快而有一种原本的意欲，是不能反对的事实了。总之，一切感情均出于意欲，或一切意欲均出于感情，现在还没有定论；感情评价与意欲评价，常为交互关系，是很明了的。

两种评价的交互推移，最显著的，是接触联想的关系。请举两例：其一，心理上爱钱的说明，最初的时候，也不过视同纸片；后来屡次靠他来满足各种要求，就渐渐儿爱他了。其二，利用爱褒赏与畏刑罚的心理，而施行教育。教育的力量，能叫人爱他所本恶的，而恶他所本爱的。照这种价值转换的心理看来，若取各个评价之心理发生的起源，来作价值论的标准，是不可能的了。

在幼稚时代，往往以自己的感情与意志推论到他人。稍积经验，这种推想，就不免动摇；很信有自己觉得可快，而他人认为不快的，自己认为有利，而他人认为有害的。然则洞察人情以后，又觉得善恶美丑，并不是没有共同评价的关系。例如风习，就是与各人的评价相对待，而作他的标准。各人都肯舍弃他个性的评价而服从风习，这就是良心之心理的本质。良心就是在个人意识上的主体意识之言语。然而风习也不过事实。风习对于个人评价的优越点也不过事实上多数人所承认，有量的优越罢了。风习的评价，也与个人评价一样，有时也不免迷误。所以我们的良心上，在事实的个人意识与事实的全体意识相为关系之第一形式，尚不能为最后的决定，更要进一步考察。

于是达到哲学的价值论之根本问题了。价值的意义，不外乎满足要求与惹起快感，所以价值并不是对象的性质，而仅于意欲上有要求时，与感情上受外界影响时，对于评价的意识，有价值的关系。倘若没有这种意欲感情，就说不到价值。于个人评价以上，有表示全体意识的评价之风习，就是新生的价值。但这种价值，照历史的及人类学的观察，各国民各时代的差违，也与各人评价的不同一样；若对于种种国民，种种时代，而判决他们道德与趣味的高下，于何处得最后的价值标准呢？超越个人评价与诸国民风习的相对性而求绝对价值，就是超越一切历史的形成之诸价值，而求此等价值所由形成之规范的意识，这就是伦理学与算学的问题。

（二）伦理

伦理学的价值，在乎行为的目的，就是行为的原理。所以伦理学所研究的，就是人类意欲，当以何为目的之问题。在人类生活上为道德的行为之主体的，一方面在个人，一方面在社会，又一方面在历史的发达之人类。所以实际哲学的伦理学，有三部分：其一，个人道德论；其二，社会论；其三，历史哲学。

道德的原理　就道德原理上，可以有四种观察法：第一，是要确定一种概念，什么是道德？什么是善，应当是认；什么是恶，应当否认？对于各别的义务与道德法，果有一种普遍的统一的规则，可以统括他们么？对于一切事情与机会，果有决定道德命令的标准么？照这个意义，是注重在道德内容之原理。第二，是问：怎么能认识道德法，把普遍的应用在特别上？怎么能认识那常识所说的良心？在这种意义上，道德原理，是指我们知识上认识道德法的根源。第三，道德法是一种命令与要求，与人类意志之自然的冲动与运动相对待，为什么有这个权利？他的要求的根据在那里？照这种意义，道德原理，是道德法的可认性。第四，既然承认人类自然的意欲与道德法的要求互相对待，就不能不推寻到根本上，为什么人类要反抗自己的意志而从道德法？随人类良心的要求与他们自然的本质相差益远，而人类自己觉得自然的本质，是不合于道德的，或竟是个道德的；尤感着为什么有这种反对方面的要求之问题，是不可不解决的。照这种意义，道德原理，是属于道德的动机。

道德内容的原理　道德内容，是最难确定的。虽同一国的人，倘若地位或职业不同，他们所指目的道德，就不免互异；况在各国民，各时代，对于一种行为的批判，定能一致？于是道德没有普遍性的疑惑起。要免这一种的疑惑，不能不提出公认为道德标准的原则。于是就遇着目的观的根本关系，为古代哲学家所说，最高的价值，是至善，是一切各别的义务与规范之所从属而为最后的目的。

伦理学说中最近的观点，是从心理组织上，求这最后的目的，就是幸福说（Eudamonismus）。以为人类的天性，都求幸福；而达这个目的之手段，有正当与否；道德是一种各人自明的，而且没有例外的，可得幸福的最正当之手段。康德曾说这种见解，是以道德为最善处世法。

幸福说的批难点，就是心理上已有不可通的。亚利士多德已经说："决不能以快乐的欲望为一切欲望的动机。幸福是欲望满足的结果，决不是欲望的动机，也不是他的对象。"我们知道，不但简单的，就是最发展的意志，都是直接向着所欲望的对象，从没有顾虑到幸福与否的。我们不能说：幸福是最后之目的，而一切欲望是达到幸福的手段。

主张幸福说，就不得不有谁的幸福之问题。第一答案，是以个人自己的幸福为目的，是为利己的幸福说（Egoistische Eudemonismus）。各人所求的幸福，本不一样。最幼稚的以感觉的快乐为目的，古代哲学家，以亚利士多分[①]为代表。进一步，务于精神的快乐，如学问、艺术、友情等，古代有伊壁鸠鲁一派，十八世纪有沙夫兹伯雷[②]所建设之美的快乐论（Ästhetisehe Epikureismus），以个性之美的发达为理想。最后又有一派，于感觉的及精神的两种快乐以上提出灵魂救济为道德命令最后的内容。这种见解，常与不灭的信仰，永远生活的希望相结合，可名作超绝的幸福说。这一派中，专注于自己灵魂之救济，而忽视对他人他物之义务的，就归入利己说。与这种神学方面的超绝道德相对待，而提倡现世的道德之学说，起于惟物论及社会主义方面，如圣西门[③]、都林、福拔希等，最近有纪约[④]与尼采[⑤]。

---

① 亚利士多分：希腊喜剧家，主张从身体感觉中得到快乐，今译阿里斯托芬。

② 沙夫兹伯雷：英国哲学家，道德情感主义的创始人，今译沙夫茨伯里。

③ 圣西门：法国哲学家、经济学家、空想社会主义者。

④ 纪约：法国哲学家，倡导生命道德学说，今译居约。

⑤ 尼采：德国哲学家，西方现代哲学的创始人。

与个人幸福说相对待的，是以他人全体幸福为最高目的之利他说，以增进他人幸福的动机与行为为善。在动机上或立于利己之心理的基础，或立于原本的社会的冲动之信仰上，均所不问。又对于利他的命令，或归于神的意志，或归于国家与社会的秩序，亦均所不问。所以这种利他说之道德的评价，决非质的差别，而是量的差别。因为人类以满足要求为幸福，而利他说既不加他种价值原理，就不能不以各个人能实现他的要求为满足。又以各种要求，不免互相冲突，不能不承认最大多数的最大快乐为道德。普通称为功利说（Utilismus）。但是最大多数的最大快乐，是谁的幸福？仍不外乎各个人。所以功利说与利己说，实立于同样之心理的前提。且以功利说重视幸福之量的结果，不得不迁就多数低度的要求；因而道德的兴味，以求快而避不快为限；不免放弃高尚的道德了。

幸福说以外，有完全道德说。这是不根据于心理，而立于玄学的基础上，以一切特殊的命令归宿于完全，为道德最后的内容。就是依照目的观的世界观而以天性的完全发展为最高的道德。也与利己的利他的幸福说相类，而有个体完全与人类完全的两说。多数的说法，都以实现人类本分为根本前提，就是以个人加入于国民、时代、人类全体的总本分为准。然而这种见解，正如西利马吉尔所说，在乎自然法的完成。因而道德之命令的特色，不免脆弱。因为道德的“不许不”与自然的“不可不”之对待，不用很难的间接法，就不能理解。且此等理想的动机，无论是对于个人或对于人类全体之本分，早已不是概念的认识之事实，而是信仰的事实；就是玄学的，而且一部分是宗教的前提，不能求出科学的认识之普遍性。

幸福说与完全说，均注重于实行道德以后的结果，对于内容的原理，并不能与以单纯的普遍的内容。到批评哲学的康德，始对于道德与非道德，指出两种根本的特质。其一，伦理的判断与道德的命令，全系于行为根柢的动机，所以说，“善的意志以外，没有善的世界。”又严立道德性与适法性的区别；前的是遵循道德的行为；后的是没有遵循道德的本意，而行为的形式及效果，均与道德法一致。康德屏适法性于道德以外，以为有减损道德价值的流弊。到失勒[①]的伦理说，始缓和此种区别，而认适法性也有道德的意义。其二，无上命令的概念。从前说道德命令的，是假定的，因为不是由道德法本身尊严所产生，而受制约于各种关系。康德名这种制约是他律的（Heteronom）。道德法的本性与尊严，是道德对于人类的要求，没有制约，没有条件，不许何等斟酌的。道德的

① 失勒：德国诗人、哲学家、作家，今译席勒。

命令，无论何地何时，都要求服从。道德的命令，是完全创造的，超乎一切经验所得的意欲而独立。照此意义，道德的命令，是自律的（Autonom）。

这种形式的道德原理，不主有自身以外所给与的内容，而全由自身所规定，所以仅为有格率的原理，而不是规定格率的内容。康德以无上命令为良心，为普遍概念。个人于动机上，以意欲服从法则。而这个法则，又全然独立于个人意欲上已有之偶然的方向与对象以外。这是良心教示我们的。因而这种法则，独立于各人意欲之差别以外，而得视为同样的适当于一切个人，所以有普遍妥当性。康德之批判的道德，虽求认识根源于自己的反省，求可认性于个人的自己规定，而所认识所论证的义务，却是构成道德的世界秩序，而对于一切个人，课以同样之义务的。

注重人格，是康德的伦理说与他以前启蒙时代的完全道德说相同的。幸福说一派的沙夫兹伯雷与来勃尼兹等，以人格为自然所给与的个性之发展；康德以人格为由普遍的理性法则支配一切个人的意欲而后成立。这两种人格说，前的很难由经验的个性，而达于类的合法性，且易陷于一部分浪漫主义的危险，就是以完成自然的个性为最后最高的道德。若批判的人格说，于原理上否定一切个性，而人格之道德的本质，乃以个人意欲受支配于一切个人同作标准的格率。而此后理想的道德哲学家如费息脱、西利马吉尔、黑格耳等，所努力解释的，以人格道德的任务，在以个人实现道德法于现象界，以依属于历史生活之伟大的关系，而填充个人自然的素质，与普遍妥当性道德的空隙。他们所希望的道德，不外乎人类事实的本质所生之经验的要素与超越的理性秩序所生之任务的结合。

幸福说的道德，注意于快不快，而限于经验的人类生活的范围。完全道德说，基于人类本分之玄学的认识。批判道德，以道德的世界秩序之意识为个人的良心，即康德著作中之实践理性。而历史的世界观之理想主义的道德，则可以理解无上命令法的内容，怎样演生历史上全体的文化。

道德的认识根原　关系道德的认识根原，是要问：我们怎么知道是善？怎么知道评价规范的妥当？解答这个问题的，约分为两方面，一方面主张经验，一方面主张直接理性的反省。而两方面也不能不互相错综。经验虽在确定事实的道德，而要达普遍妥当的规范，不能不举道德的事实而选择比较。惟理论虽在确定妥当的命令，而根本上，也不能脱离人类之事实的道德意识。所以经验论的立足点，不论为心理的，或历史的，若仅以记录道德的事实为限，就不免倾于相对说，而不能满足道德的意识之要求，以达于规范之绝对的妥当。惟理论由普遍的理性要求出发，若仅以研求合法性之形式的法则为限，就不能不用间接方法，以人格尊严的概念应用于经验的生活关系，而达到内容的命令。

较这等方法问题更有意义的，是事实问题。就是日常生活上，人类素朴的良心，怎么能得到义务的知识与判断的规范？我们在实际生活上对于道德之最高的原理，往往于无意识中自然的应用。初不要经过研求原理的困难，而自然于各种机会应用道德规范。与其说是根源于明了的概念，毋宁说是根据于感情。所以有以感情为良心本质的道德学者，如英国的沙夫兹伯雷、赫金生①，都以感情为良心的本质与道德意识的根源，用以说明一切道德的内容与意义。到休谟与斯密②就指明止有实际的生活上，需要知解，来明了他的关系。然而不可不有待于理性的考虑，就是有一种正当的道德感情，在判断上著现出来。照这个方向进行，就觉得道德的认识，有直觉的特性，而不待理论的知识与其他外面影响的证明。但是这种见解，仍旧是依心理的伦理学者之习惯，把道德的感情列在一般经验的感情状态，而停留于一切经验物相对性上。所以康德又

---

① 赫金生：英国哲学家，今译赫金森。

② 斯密：英国哲学家、经济学家，古典经济学的创立者。

以道德感情为纯粹实践理性的事实，而引上于理性的普遍妥当之范围。凡人都有一种直接性的道德意识，超乎智的修养与智的能力之程度而独立；可由此而发见最高的世界秩序。这种形式的直觉说，注重在直接感情的自证，就是能以良心的规范，应用于任何机会而都是妥适的。海巴脱循这种根本方向而组成实际哲学，以道德为一般美学的一部分，以为我们一切判断的最后裁判，是在超脱一切依据知解的附属品，而在本原快感上归入一种关系。这种本原的感情，是不能靠考虑来把捉，来建设，而无论在何种机会，总是最初的事实；他的实际，是适当于意识而接触于内容的。

道德法的可认性　说道德的认识根原的，偏重道德的感情方面；而论道德原理的可认性的，却专属于意志方面。无论何时何处，我们的良心，总不但对于已往之事实的动机与行为，而加以回顾的批评；还对于将来之实际的意志决定而有所要求。这种要求，是与别种意志相对待而为命令。那么，命令的权利，怎样来的呢？我们的意志，为什么要把规定内容的权利，交给命令呢？这个问题里面的可认性，自然以道德法与自然意欲相对待的学说为限。幸福说与完全道德说，均以道德法为基础于自然的本质，就没有可认性的必要。

以道德法与自然意欲为相对，始有可认性的必要。有以自己意志上有这种要求，为起原于自己以外较高之意志的，就名为权威道德。如洛克所说，立法的意志，有神的命令、国家的法纪、风习的规定之三种根本形式，这是他律的。康德主张良心自律说，而归结于理性的意志之自定。这种自定的内容，是从一切理性者同样妥当之道德的世界秩序上求得格率。对这种自立的法，本也没有可认性的必要；然康德是以人格尊严与道德法同一视，而认为真之可认性的。

道德的行为之动机　说道德的行为之动机，也以道德法之内容的要求与人类自然的感情与冲动之存在相对待，而认为必要。从利己说之假定的道德，人类于求幸福与避不幸以外，无所谓道德，那就合于道德法的行为，不过起于恐怖与希望的动机。从权威道德说，不过因别种意志，有赏罚的权力，因而起服从的动机。基于此等动机，而有合于道德的行为，决非有道德的价值，而仅有适法性的价值；康德看破适法性的真相，不认为道德。道德必与自然的冲动相对待。凡以利己的冲动与社会的冲动（即自然的社会性，如同情等）为动机的，就是他的行为偶然合于道德法的要求，在康德看来，也不能认为有道德的价值。

康德既以自然的社会性属于适法性的范围，而不属于道德性的范围，于是道德的行为之动机，不外乎对于“道德法的尊敬”与“人格尊严的感情”了。然康德一派，也不取斯多亚派的严肃说，以为有限于“道德夸”的流弊，如失勒所主张之“美魂”说（Ideal der schönen Seelie），由道德的发达而有依赖自己，不肯违反道德法之感情状态。在这个时代，性癖与义务，尚相对立，然而无论何时何处，均不至以性癖侵犯道德的格率。若程度更高，人类必纯粹为适合道德的感情，这是可推而知的。

于是乎关乎道德的全体生活，可分动机为几级：原始的，最幼稚的，是无意识的循自然的社会性，而以个人意志服从全体的意欲。进一级，对于个人意志的要求与全体意志的要求之间的互相对待，已有明了的意识；然还没有对于全体意志的尊敬，而但有遵循全体意志的合法性。再进一级，为要征服自己意志中反对道德之诸冲动，而吸入道德命令于自己意志之中，这是努力道德性的范围。最高一级，在生活过程上，达到个人意欲与全体意志的浑融；那时候美魂与道德性，不过用语上的区别罢了。

社会论（意志团体论） 前面说道德原理，已经说到个人意志与全体意志的关系。要详论这种关系，所以有社会论。

人格之最内面的独立性，就是叫作良心的、决不能不顾全体意志；而全体意志造成种种制度，且以历史的形体发达的，差不多全为支配个人而设。所以意志生活，以个人与全体为两极。我们固然常常见个人意志与全体意志的一致，但相背而驰的也不少。即使互相反对到极端，然而个人断不能全不顾全体意志，全体也断不能完全牺牲个人的意志，所以这两者的关系，是非常重要的。

全体意志所由表现的意志团体有种种，今以个人为中心，而区别各种团体，有个人立于团体之先，而组成团体的；有团体立于个人意志以前，而规定个人意志的。前的如各种会社，后的如国民。这正如无机有机的区别，前的是部分先于全体而成立，后的是全体先行成立，由其生活活动而产生部分。所以意志团体对于本质的见解，有个体主义的机械的方向，又有普遍主义的有机的方向。

这种团体发生的差别，关乎个人的位置。在社会上，以自身意志之主张为多；若这个会社与自己入社之目的不一致时，可以出社。在国民就不能骤脱，以自身从属于国民，“不许不”的分子，较意欲的分子为多。

意志团体，有家族、民族、会社、国家等。无论何人，既在这团体以内，就不能不感有一种之支配力，这就是风习的支配。风习的自然点，与他的无条件而行的点，不但在感情与意欲上，就是在直观与思维上，也无在不可以看出精神团体的形式。他的可认性，存于不可见的权威之舆论，就是各个人意识上最初存在之全体意识。

但是风气的状态，由历史过程而分解。历史过程最显著的例，是个人解放的经验。个人解放时代，一部分基于个人人格的意志对所受支配的当时风习压迫之反抗力；一部分基于各个人分属异基础、异目的之种种意志团体，而风习互相矛盾。家族、会社、国家之要求不一致时，不得不取决于个人自己的判断；因而个人脱离风习之自然的、半意识的支配，由这种过程而风习分歧为两方面：一是内的方面，有人格道德；一是外的方面，有法律而形成一定之国家秩序。道德、法律与风习，互为消长。风习支配范围较广时，人格的道德，必贫弱；而法律也是粗杂的，表面的。法律渐精微，渐内面的，而支配较广，个人的道德，对于法律，渐亦嫉视，而拥护自己的领域。最后道德与法律互相反对，而道德的人格之世界，与国家的法律秩序之世界，应如何界划，遂为重大的问题。

因各种意志团体所取的价值不一致，不能不有普遍的，必然的标准之要求。个人判断，一部分或确有一种信仰，而一部分终不能不怀疑，遂渴望有决定价值之最后的规范。而这种规范，决非各意志团体，所不可不充的任务。例如各种社会的任务，都以幸福的、功利的根本特色，达日常生活种种之目的。而此等任务，在事实上又各有特色，是否能纳入统一的形式，遂成问题。有人以此等团体之总目的，为在个人的安宁与完全的，然何以此等团体有对于个人的支配力？他们没有法子说明他。又有人主张以人类最高的本分为任务的，又不能不以超越我们的信仰为根本，而陷于玄学的解释。总之，意志团体的本质，必求诸任务之内在的性质。由风习而分派为道德与法律，是足备参考的一点。觉得一切意志团体，都是表示一种不明不定的心意。全体生活，尤是全体意欲，他的根柢上，就是一种无意识的形式。若把他变成有意识的，具体的，而取出生活秩序，以构成共通的操作，表现的制度，就成了文化。文化是人类以有意识的作为，造出环境之意义。当造出生活秩序的时候，在个人方面，又因他的人格及独立性与风习反对的关系，而以自己所学的全体生活完成为有意识的、与具体的为目的。所以生活秩序的创造，文化体系的产出，固然是意志团体的职能，而同时也是各个人格的本分。

历史哲学　历史哲学所第一注意的，是个性的特色。人类胜于动物，文明人胜于野蛮人，就在这一点。在自然主义的意义，一切有机物，于物理的心理的特征，常现出差别个性。例如此猫肥于彼猫，彼犬警于此犬，虽极小如蚊类，也各有极小的形态上之差别，殆没有不具个性特征的。然而这种特色，都出于自然的分化性，而决不是独立自觉的个性。有自觉的个性的，止有人类，就是人格。人格也有阶级。为种族繁殖而生的大多数人，仅有潜在的人格。我们固然以法律的道德的尊敬彼等，然彼等不过在由个性而推移于人格的初步。而介乎这种推移的，就是自觉。

自觉与其他意识内容之间，并无分析的关系，恰如神经运动与意识之间，或无机物与有机物之间，仅有综合的关系一样。这种综合的关系于自己创造“自我”以前，并不存在，直至创造的“自我”产出而后现。“自我”在实体世界，是全新的。这种人格上不可名言的个性，就是自由。他的产生的根源性，不能用玄学的潜在力来解释，因为用这种解释，就是否认个人的自由。而在道德的责任感情与历史的思维，又必然的有这种自由的要求，因为止有综合的自由，是历史上的新事实。

这种意义的人格，在自觉的个人上，由批评自己而表现。人格且对于自己而占一种自由的地位；由论理的良心而定自己诸表象的价值；由道德的动机而定自己评价的价值。无论何时何地，在自己批评上，人格自分为批评的与被批评的两面；就是以批评的明了之思虑的生活层，与被批评的不明了之感情生活层相对待。在明了思虑层，把握他独立的本性。在人类历史上，知识、道德、艺术的进步，都起于人格常新的动作。就是不惮牺牲，与从未公认的真理分离，而变革全体生活。就是使全体意识，脱不分明与无意识的素质而发达为明了的自由的形式，这是人类历史的全意义。自然种族的人类，于最初最低的生活，本有与蜂蚁同一强度之社会性，在人类历史上，人格的动作，所以形成且阐明共同生活内容的，却在于反抗原始的社会性。人格个性的作用，注入恒久的变化于一般生活的全体，由这种客观的过程而成立历史。

说历史变化的，有集合主义与个人主义的分别。集合观以一切历史，在于全体运动，以历史的意义，不外乎全体生活的变化；而对于伟大的人格，看作普通个性。个人的历史观，注重于伟大人物的创造力，而于他所受全体的影响与协作，都不免忽视。这两派都偏于一面，而不能理解诸人格与全体相互的关系。全体的风习，不是有伟大的人格，发起新思潮，全体意志就不能进步。伟大的主张，若不是全体生活上最有价值的内容，也不能成为历史的事实。所以人格的伟大，是否定他个人的要素，而有超人格的性质。以超人格的价值，由自己发展而形成外界；这才是伟人的本质。这种价值，超然于实现者个人的条件，而且为超时间的，所以有永远的妥当。可以说由全体与个人之历史的关系，而借人格的活动，以生永远的价值。时间的普遍，与人格的特殊，互相交涉；而为生活秩序之客观的必然性。按照论理的法则与伦理的法则，永远价值，由历史生活之时间的战而实现。所以在人格方面，不得不以乐于牺牲自己为最高之目的；而在全体方面，不得不以生活秩序渐近于理性秩序的完全为最后之结果。

由这个视点观察，人类历史，就有全体统一的意义。这种意义，固然以生物学上有机的统一之思想作背景。然已往历史上，惟见有各民族各国民的互相反对与战争，到今日而我们有人类统一的理想，实是历史的产物。由人类概念，而进于人类理想，实为人类苦心努力的结果，比人格的统一，更为进步。人格的统一，本非自然所赋；由个人努力战胜种种之冲动与欲念而创造。人类统一的理想，也是由诸民族文化渐进，而渐现于意识，这就是人类的自觉。

历史的运动，各国民对于统一的人类之理想，将与各个人对于民族与国家之关系等。以内的必然性，因历史的过程，而建设生活秩序，以发现道德的世界秩序。生于表象的范围，有学问；生于感情的范围，有艺术；生于意志的范围，有人伦；生于行为的范围，有国家与社会之组织。这些一切文明形式，都是各国民在各时代，超越自己，而创造一种实现人道的系统的。所以人类的自成，就是历史进步最后的意义。

（三）美感

在伦理学说上，道德生活的全体，总与规定行为的意欲有关系，所以伦理的价值，虽达到理性的世界秩序，仍不能摆脱欲求。因而起一问题：果有不涉欲求的评价么？有的，不涉欲求的价值，就是美的价值。

美学的概念 用Ästhetik为美学意义的，从邦介登[①]起，提出美学上各种主要问题，而加以组织的，是康德的判断力批评。康德为区别快与善，特与美以“无关心之适意”的特征；又经失勒与叔本华加以更适切的表示，以“不因于意欲与意志的评价”为美的本质。就事实而论，人的美感常不免与快乐的要素及伦理的要素相接合。进化论中有雌雄淘汰的理论，动物心理上，早已有美感的种子，但纯是激刺的性质。至于初民的艺术，或关系魔术，或隶属宗教，或缘饰特殊风习。就是文明民族间所流行的美术与文学，或有“导欲”“伤风”的流弊；或借为“敬神”“尊主”的助力。又如搜罗美术品的人，也有本于斗靡夸富的动机，而不是真能领会美意的。但这些都是程度较浅、浑而未画的状况。若是最纯粹最高尚的美感，哲学上所

① 邦介登：德国哲学家、美学家、教育学家，今译鲍姆加登。

认为有价值的，当然以超越意欲的境界为标准。例如人的知识，固然有许多是维持生活，占取利益的作用；然最高的理论，绝不直接应用的，才是哲学上所求的真。真与美都是超越意欲而独立，康德所以立关系美与自由美的区别，而专取自由美。失勒且特以游戏证明美的性质。

美的态度之对象，是美的世界。美的世界，又有一特别领域，是艺术世界。于是有自然美与艺术美的区别。而美学也有两种方法：或由自然美出发，而由此以领略艺术美；或分析艺术，以定美学的概念，而由此理解自然美。第一方向，主论玩赏；第二方向，主论制作；因为艺术美的玩赏，与自然美的玩赏，根本上没有什么区别。哲学者往往不是艺术家；而艺术家又往往不喜欢美学。若由艺术美的玩赏，而理解制作的心理，当然可以类推而普及于美的玩赏之全体。然哲学者的美的思想，由艺术美出发的，往往因艺术种类上兴味的偏胜，而美的思想，发生互异的色彩。例如古典的美学家文克曼[①]等以造型美术为主，理想主义哲学如色林、黑格耳等，以文学为主。最后浪漫主义美学，又有偏重音乐趣味的倾向。

① 文克曼：德国考古学家、艺术学家，今译温克尔曼。

与这种差别相错综的，是菲息纳[①]所提出向下的（由上而下，即演绎法）美学与向上的（由下而上，即归纳法）美学之区别。向下的美学，先假定一原理，而用经验的事实相印证，有玄学的色彩，自昔哲学家的美学，都用这个方法。向上的美学，是用实验法求赏鉴的异同，用观察、比较、统计法，求制作的动机与习惯，因而求得一共通的原理，纯用科学的方法，自菲息纳以后亦颇盛行。

美的概念，到现在还不能像善的概念之容易证明。向来用兴味来形容他，而各人有各人的兴味，似乎很明了的。然而美感一定要与舒服及合用有分别，所以一定有普遍性。美的普遍性，就是没有概念。他是纯粹对于单一对象的判断。我们说美，是一种价值的形容词，不是一种理论的知识，为一种实物，或一种状态，或一种关系，来规定性质的。康德为要说明美感的超个人性，说是官觉上与理解上两种认识力的游戏，而且以形式为限。因为对象的内容，总不免与快乐或道德有关系，所以纯粹“无关心”的适意，止能对于形式。形式不是实物所直接给与的，所以美的对象，不是凭感觉所得，而是由想

① 菲息纳：德国物理学家、哲学家、心理学家，哲学上主张唯心主义泛灵论，今译费希纳。

象得来的。而且凭着官觉的直观与可能理解的综合之合的性的总效，才得到他的内容。这种合的性，又是专在想象的表象上，才能互相调和。所以在材料的活泼而复杂，与秩序的易简而明晰上，始能求得恰好的美来。

美感的不同于知识，又不同于道德，就因为他不属于知觉与意欲而属于感情。近代心理的美学，所以盛唱“感情移入”的理论。他们说，美感的发生，就是赏鉴的人把自己移在对象方面，生同一可悲可喜的感态。而对象中，能促起这种感态的，就是美，这是心理学上对于美的对象之解说。但这种感情，何以有美学上价值？近日克利汤生于美术的哲学中试为解答，说是对于官觉的冲动与超官觉的冲动的接触，而发生这种感情。这两种互相对待的冲动，一是生活的，一是道德的。在康德学说中，就是官觉与理解的对待：两者互相调和是美，而两者互相抵触就是“高”（Erhabene）。照这种理论，人类是徬徨于两种冲动的中间，美的功用，就是给人类超出官觉的世界而升到超官觉的世界，就是道德的世界。所以这一派的美术哲学，就以美为善的象征，就在这上面证明超个人的普遍性，是在感情的游戏。

但是美与善的关系，在“高”的方面，又是一种情形。他不是隶于美，而与美为同等的种类。他的引人由官觉世界而升入超官觉世界，不是美的纯粹相，而是美与善的复杂相。照康德的学说，可以说是“关系美”的标本，用以达到最高观念的。

美与善的关系，康德的大弟子失勒是以“在现象中的自由”为出发点。彼以为美的对象，就是现象中的自由之影子，也能与环境上必然的关系相离绝而自行规定。叔本华也说，美的生活，是以脱因果律而自由观照为特色。这就是与科学不同的一点：科学完全以因果律为标准，而美的对象，给我们观照时，可以绝对自由，不要再问到别的。所以自己满足，是美的真正标记，而适与伦理上的自行规定相应合。这种自己满足，当然不是实际而是影子。美术品是当然与其他实物特别，自然美虽不能这样，然而所取的也止有美的影子。

在不是实质的一点,现代美学有一种幻想论（Illusionstheorie），在各种美术上都可应用，而尤在造型美术与演剧。这是一种有意识的自欺。心神往复于自欺与明知自欺的中间，一切图演，总是或粗疏的，或精细的，摹拟事实；而这种事实上的占有心，总是为美的效力所减少，或消灭，而少有被助长的。

由美的标记而观照物的本体，就是超经验而进玄学的路径。失勒所说的自由，就是康德所说的超官觉。美是把超官觉的影子映照在官觉上。若是以柏拉图的观念为物的本体，那就如柏拉丁所说的，美是观念在官觉上的影子。这种意义，从新柏拉图派经过文艺中兴时期，直到英国沙夫兹伯雷的哲学，都没有改变。德国理想派哲学，随着康德的批评，又把他重提起来，就中最著特色的，是色林的玄学的美学，就以美术为哲学的工具。他说科学是永远不绝的在现象上，寻求观念，然而没有一次能完全达到的，道德的生活，是永远不绝的在现象上经营观念，然而也没有一次能完全实现的。止有美的观照，是把观念完全的映在官觉的现象上。这是“无穷的”完全进入于“有穷的”；这是“有穷的”完全充满着“无穷的”。这样看来，他的重心，就是一切人类的著作，在乎于官觉上有穷的不完全状态上，表现“无穷的”。这是梭尔该[①]之悲剧的传奇的讽刺论（Theorie des Tragischen und der Romantischen Tronic）所判定的。凡是这一派美的玄学，都是以美术尤是文学为表现观念的作用。照这个假定，美的玩赏，是与制造美术同一作用，就是在玩赏的想象上制出美的对象来。譬如我们玩赏风景，一定要选择一个立足点，可以把最美的景，恰好收在视线上。这正与我们画风景时把线条与色彩组合起来一样。选择与组合，在玩赏与制作上都是并重的，所

① 梭尔该：德国哲学家、美学家，今译索尔格。

以玩赏者必要有美术家的本质。

美术　美术与他种技术的不同，就是他种技术，都以应用为目的，而美术是没有的。美术不是日常所必需的，而是闲暇所产生的，与纯粹科学一样。亚利士多德说："人类超出日常需要的束缚，而造出美与真的世界"，就是此意。希腊哲学家都以摩拟主义说美术。自狄德洛[①]以来直到现代的实证哲学，也持这种理论。他们应用自然主义到美术上，以为与科学一样；止要能描写实物，就是求真；所以科学与美术的界限，可以消灭。

美术是离不了摩拟的，因为所取的材料，不论外界的，或内界的生活，都是事实上所可有的。然也不能说全靠摩拟，因为选择与结构，都是创设的，而这个却是美的主要点。进一层说，摩拟是一种天性的冲动。照近日社会心理学所说，凡有动物的合群，全以这种天性为基础。但是这种冲动的达到，也不过与别种冲动的发展，有同等的适意；并没有特别美学的意义在里面。至对于摩拟的精巧觉得适意，也不过与别种工作的完成同等。例如画一颗樱桃，竟有鸟误认为真的而来啄他；在大

① 狄德洛：法国启蒙思想家、唯物主义哲学家、作家，百科全书派的代表人物，今译狄德罗。

理石女像上刻一条编成的肩巾，竟有人误认为真的而想取他下来，或者对于所刻的绒衣，试试触觉；又如音乐上竟可发出断头人血滴地上的微声；这些都的确是技术上名誉心的产品；然而美术品的价值，多于美术的。

摹拟的美术，不能为普遍的固有价值，因为他的价值，是由他所摹拟的而发生。寻常评赏美术的人，往往以美术为辅助知识与道德的作用。失勒的主义也是这样。就是说美的玩赏，可以使驰逐于官觉冲动的人，经这种超脱意欲的观照，而引到真与善的最高价值上。所以美术与美的生活，专属于离绝实物的高等官能，即视觉与听觉，因没有肉体上直接的激刺可以参入。这固然是解说美的玩赏之精义，然而应用到摹拟主义上，就止有消极的与预备的功用。他的积极功用，既然在引进道德与知慧，那就没有自身固有的价值了。

失勒解说美的固有价值，提出游戏的冲动。近来生物学、心理学家都有详细的阐发。动物、儿童与初民的游戏，在进化史上，都可视为美术的先导。舞蹈、歌唱，器具的装饰，是最早的。后来于无意识中演进，一方面关乎爱情的，为求婚的游戏；别一方面，关乎合群的，为工人合唱的节奏。这种合唱的节奏，是把日常的工作演成矜贵，而把机动的疲劳转为清新；所以也有指这种游戏冲动为职务的冲动的。因为他的满足，是一种纯粹的愉快，并没有相随的目的，也没有严正的意义，但并不是一切游戏，都自有美的意义，若要问那一种游戏的内容，是具有美的价值的，那一定是真正事实的影子，就是以生活状况为模范的。只要看儿童游戏，都是摩拟成人的生活，然而不至使成人有切身利害的感想。所以游戏上，摩拟人类最有价值的生活而使观赏者超然于切身的利害，这是最有价值的。而美的游戏，就是把最深最高的实际生活，映照在对面。因而一切美术，就是以游戏的作用，自行表现，而且自身就是被表现的。所以克洛司[①]说：美术是用直觉上所自给的发表出来。而这种没有目的之发表，是得到最纯粹、最完备的生活之影子。所以纪约说：美术的意义，是我们所认识最向上的生活。因而我们所说超越事实之美的对象，可以求出本来意义，就是一切理想化、格式化的，都归宿于自身的生活，而用纯粹与完备的表示，映照到官觉的现象上。

天才　凡美术上有特别创造力的，叫作天才。天才的定义，屡有改变。其初是指一种美术家，他的著作，可以为学者模范，作批评家的标准的。进一步的，就知道天才是不按普通规则而自有新与美的创造的。到康德的最深观察，天才是一

---

① 克洛司：意大利文艺批评家、历史学家、哲学家，今译克罗齐。

种智慧，他的作用与自然相等。这就是说，一方面是内界的必然性，又一方面是无目的之合的性，而在一个美的人格之组织力上相遇合。内界的必然性是冲动，而无目的之合的性是能力。冲动与能力相结合。而始成为天才。有冲动而没有能力，是美术家的厄运。能力的制限，不是用工与努力所能打破，因为美术的创造力，往往潜伏在无意识中。所以美术家常常反对理论与哲学，因为这些都不能帮助他，而或者反搅扰他。止有我们不能不考察他们的性质与工作，以构成概念，而排列在美术品的共通关系上。但是我们也常常觉着美术家的创造工作上，有不能明白表示的。

色林因康德的定义，而用无意识的意识来说明天才，是很巧妙的。美术家的著作，往往是无意识与有意识互相错综，没有可以用定理来说明的。美术家一定要本着自己表现的冲动来着手，几乎不能自主的。从这种无意识的根据上投到意识，才有他的作品。然而当他实现一种作品的时候，又是从无意识中潮涌出来。与创作并行的，有冷静，有意识的批评；然这个断不能作积极的指导，也只能作为由无意识的生活根本上偶得的妙想。近来盛行“天才与狂疾为缘”论，要也不过是无意识与有意识错综的作用罢了。

第五编　结论

以上各编，已把哲学上论理、伦理、美学三方面的关系，陈述大概。论理学方面，纯用概念。美学方面，纯用直观。伦理学方面，合用两者。隶于功利论的，由概念，是有意识的道德；超乎功利的，由直观，是无意识的道德。自叔本华主张意志论，以万有无非意志；而昔之智力论，遂为之屈服。故人生哲学，以至善为依归，自是颠扑不破的见解。但叔本华的厌世观，以美的直观为达到道德的作用，而排斥根本概念的知识。近如柏格森的直觉哲学，也有以知识为停滞的意识之说。此等申直观而斥概念，正与黑格耳一派申概念而黜直观，同为一偏的见解。平心而论，哲学是人类精神的产物，决没有偏取一方面而排斥他方面之理；以伦理为中坚，而以论理与美学为两翼，这才是最中正哲学。

也有人以精神三方面的统一为属于宗教的。但宗教不过哲学的初阶，哲学发展以后，宗教实没有存在的价值。追溯宗教的发生，实起于应时势而挺出的哲学家。例如摩西定十诫，不过如大禹的述洪范九畴；印度韦驮经述四阶级，不过如柏拉图的《共和国》里面说三阶级；阿拉伯察拉土司脱拉[①]立二元教，主张以光明战胜黑暗，不过如《周易》的说阴阳。然而摩西的教义，到耶稣而革命；韦驮经的教义，到佛陀而革命；阿拉伯的教义，到谟罕默德而革命。这就是哲学发展的公例。耶稣的态度，很像苏格拉底；佛陀的态度，很像托尔斯泰[②]；谟罕默德的态度，很像尼采；也不过一种哲学家表观个性的惯例，毫没有神奇可言。至于一切附会的神话，正如中国孔子，是个最确实的人物，而谶纬中也有许多怪诞的附会，也不足据为宗教家的特色。

宗教所以与哲学殊别的缘故，由于有教会。教会是以包揽真善美三者为职业，死守着旧的教义，阻新的发展。所以哲学的改革极易，而已成宗教的哲学，改革极难，甚至酿成战争。

宗教虽有死守旧义的教会，要包揽真善美事业，然而学术发达以后，包揽的作用，渐渐为人所窥破，不能不次第淘汰。最先淘汰的是知识方面。如盖律雷的被迫，白儒诺[③]的

① 察拉土司脱拉：拜火教创始人，今译琐罗亚斯德。

② 托尔斯泰：俄国作家，主张“道德的自我完善”和“博爱”，反对以暴制暴。

③ 白儒诺：意大利思想家、自然科学家、哲学家，主张宇宙无限说与日心说，今译布鲁诺。

被焚，就是新知识与教会旧知识战争的开幕。以后科学逐渐发展，经过十八世纪惟物论、十九世纪生物进化论时代，宗教上垄断知识的旧习惯，已经完全打破。行为方面，宗教所主张的，是他律说，本不如自律说的有力；经斯宾塞尔说进化的道德，尼采区别主人道德与奴隶道德，纪约主张无强迫与无惩罚的道德，宗教上垄断道德的习惯，也就失了信用。现今宗教社会所以还能维持，全恃他与美术的关系。我们考初民美术，如音乐、舞蹈与身体上器具上的饰文，很少不含有宗教的意义。而现有的宗教，也没有不带着美术的作用。例如集会的建筑，陈列的雕刻与图画，演奏的乐歌，以至经典的文学，教士的雄辩，祈祷的仪式，都有美的作用，所以还有吸引信徒的能力。而且不但外形上关系这样密切，就是照主义上说，宗教的最高义，在乎于有穷世界接触无穷世界，而前述色林之美的观念说，所谓无穷的完全进入于有穷的，有穷的完全充满着无穷的；乃正是这种作用。所以宗教的长处，完全可以用美术替代他。而美术上有“日日新，又日新”的历史，与常新的科学及道德相随而进化，这不是宗教所能及的。

哲学自疑入，而宗教自信入。哲学主进化，而宗教主保守。哲学主自动，而宗教主受动。哲学上的信仰，是研究的结果，而又永留有批评的机会；宗教上的信仰，是不许有研究与批评的态度。所以哲学与宗教是不相容的。世人或以哲学为偏于求真方面，因而疑情意方面，不能不借宗教的补充；实则哲学本统有知情意三方面，自成系统，不假外求的。

附：译名检对表

三画	马赫	Mach
四画	牛顿	Newton
	孔德	August Comte
	文克曼	Winkelmann
五画	冯德	Wundt
	尼哥拉斯·库沙奴	Nicoras Cusuns
	尼采	Nietsche
	加伯尼	Cabanis
	白儒诺	Bruno
六画	安纳西门特	Anaximender
	安纳西米尼斯	Anaximenes
	安纳撒哥拉斯	Anxagoras
	安斯坦	Einstein
	休谟	Hume
	伊壁鸠鲁	Epikur
	色林	Schelling
	达尔文	Darwin

	亚利士多德	Aristoteles
	西利马吉尔	Schleiermacher
	托尔斯泰	Leon Tolstoi
	纪约	Guyau
七画	希拉克里泰	Heracleitus
	伏脱	Vogt
	步息纳	Büchner
	邦介登	Baumgarten
	克利汤生	Christane
	克洛司	Benedetto Croce
	来勃尼兹	Leibniz
	狄德洛	Diderot
八画	拉美得里	Lamettrie
	呵尔拜赫	Holbach
	阿斯凡德	Osward
九画	柏拉图	Plato
	柏拉丁	Platin
	洛克	Locke
	洛采	Lotze
	屋干	Occam

	勃克莱	Berkeley
	勃鲁舍	Broussais
	哈脱曼	Hartmann
十画	泰利士	Thales
	恩比多立	Emperdocles
	海巴脱	Herbart
	海克尔	Hecker
	埃利亚	Ercat
	都林	Düring
十一画	毕泰哥拉	Pythagoras
	培根	Bacon
	笛卡儿	Descartes
	康德	Kant
	康地拉	Condillac
	基希呵甫	Kirchhoff
	菲息纳	Feehner
	梭尔该	Solger
十二画	斯密	Adam Smith
	斯宾塞尔	Spencer
	斯宾诺莎	Spenoza

	斯多亚	Stoik
	斯托斯	Strauss
	费息脱	Fichte
	黑格耳	Hegel
	奥古斯丁	Augustin
十三画	盖律雷	Galileo
	葛令克	Geulinex

据蔡元培《简易哲学纲要》，商务印书馆

1924 年 8 月出版。

五十年来中国之哲学

中国哲学，可以指目的，止有三时期：

一是周季，道家、儒家、墨家等，都用自由的思想，建设有系统的哲学，等于西洋哲学史中希腊时代。

二是汉季至唐，用固有的老庄思想，迎合印度宗教。译了许多经论，发生各种宗派。就中如华严宗、三论宗、禅宗、天台宗等，都可算宗教哲学。

三是宋至明，采用禅宗的理想，来发展儒家的古义。就中如陆王派，虽敢公然谈禅，胜似程朱派的拘泥，但终不敢不借儒家作门面。所以这一时期的哲学，等于欧洲中古时代的烦琐哲学。

从此以后，学者觉得宋明烦琐哲学，空疏可厌；或又从西方教士，得到数学、名学的新法，转而考证古书，不肯再治烦琐的哲学，乃专治更为烦琐之古语学、古物学等。不直接治哲学，而专为后来研究古代哲学者的预备。就中利用此种预备，而稍稍着手于哲学的，惟有戴震，他曾著《孟子字义疏证》与《原善》两书，颇能改正宋明学者的误处。戴震的弟子焦循著《孟子正义》《论语通释》等书，阮元著《性命古训》《论语论仁论》等篇，能演戴震家法，但均不很精深。这都是五十年以前的人物。

最近五十年，虽然渐渐输入欧洲的哲学，但是还没有独创的哲学。所以严格的讲起来，“五十年来中国之哲学”一语，实在不能成立。现在只能讲讲这五十年中，中国人与哲学的关系，可分为西洋哲学的介绍与古代哲学的整理两方面。

五十年来，介绍西洋哲学的，要推侯官严复为第一。严氏本到英国学海军，但是最擅长的是数学。他又治论理学、进化论兼涉社会、法律、经济等学。严氏所译的书，大约是平日间研究过的。译的时候，又旁引别的书，或他所目见的事实，作为案语，来证明他。他的译文，又都是很雅驯，给那时候的学者，都很读得下去。所以他所译的书，在今日看起来，或嫌稍旧；他的译笔，也或者不是普通人所易解。但他在那时候选书的标准，同译书的方法，至今还觉得很可佩服的。

他译的最早、而且在社会上最有影响的，是赫胥黎[①]的《天演论》（Huxley：*Evolution and Ethics and other Essays*）。自此书出后，“物竞”“争存”“优胜劣败”等词，成为人人的口头禅。严氏在案语里面很引了“人各自由，而以他人之自由为界”“大利所在，必其两利”等格言。又也引了斯宾塞尔最乐观的学说。大家都不很注意。

严氏于《天演论》外，最注意的是名学。彼所以译Logic作名学，因周季名家辨坚白异同与这种学理相近。那时候《墨子》的《大取》《小取》《经》《经说》几篇，《荀子》的《正名》篇也是此类。后来从印度输入因明学，也是此类。但自词章盛行，名学就没有人注意了。严氏觉得名学是革新中国学术最要的关键。所以他在《天演论》自序及其他杂文中，常常详说内籀外籀的方法。他译穆勒[②]的《名学》（Johu Stuart Mill：*System of Logic*），可惜止译了半部。后来又译了耶芳斯[③]《名学浅说》（W. S, Jevons：*Logic*），自序道：“不佞于庚子、辛丑、壬寅间曾译《名学》半部，经金粟斋刻于金陵，思欲赓续其后半，乃人事卒卒，又老来精神茶短，惮用脑

① 赫胥黎：英国博物学家、教育家，拥护达尔文的进化论观点。

② 穆勒：英国著名哲学家和经济学家，古典自由主义思想家。

③ 耶芳斯：英国逻辑学家，今译杰文斯。

力。而穆勒书，深博广大，非澄思渺虑，无以将事，所以尚未逮也。戊申孟秋，浪迹津沽，有女学生旌德吕氏谆求授以此学。因取耶芳斯《浅说》，排日译示讲解，经两月成书。”可以见严氏译穆勒书时，是很审慎的，可惜后来终没有译完。

严氏所最佩服的，是斯宾塞尔的群学。在民国纪元前十四年，已开译斯氏的《群学肄言》（H. Spencer：*Study of Sociology*），但到前十年才译成。他的自序说：“其书……饬戒学者以诚意正心之不易，既已深切著明。而于操枋者一建白措注之间，辄为之穷事变，极末流，使功名之徒，失步变色，俛焉知格物致知之不容已。乃窃念近者吾国以世变之殷，凡吾民前者所造因皆将于此食其报，而浅谫剽疾之士，不悟其从来如是之大且久也。辄攘臂疾走，谓以旦暮之更张，将可以起衰，而以与胜我抗也。不能得。又搪撞号呼，欲率一世之人，与盲进以为破坏之事。顾破坏宜矣，而所建设者，又未必其果有合也，则何如稍审重而先咨于学之为愈乎。”盖严氏译这部书，重在纠当时政客的不学。同时又译斯密的《原富》（A. Smith：*Inquiry into the Nature and Causes of the Wealth of Nations*）以传布经济哲学。译孟德斯鸠[①]的《法

① 孟德斯鸠：法国启蒙思想家，社会学家，西方国家学说和法学理论的奠基人。

意》（C. D. S. Montesquieu；*Spirit of Law*），以传播法律哲学。彼在《原富》的凡例说："计学以近代为精密，乃不佞独有取于是书，而以为先事者：盖温故知新之义，一也。其中所指斥当轴之迷谬，多吾国言财政者之所同然，所谓从其后而鞭之，二也。其书于欧亚二洲始通之情势，英法诸国旧日所用之典章，多所篡引，足资考镜，三也。标一公理，则必有事实为之证喻，不若他书，勃窣理窟，洁净精微，不便浅学，四也。"可以见他的选定译本，不是随便的。

严氏译《天演论》的时候，本来算激进派，听说他常常说"尊民叛君，尊今叛古"八个字的主义。后来他看得激进的多了，反有点偏于保守的样子。他在民国纪元前九年，把他四年前旧译穆勒的*On Liberty*特避去"自由"二字，名作《群已权界论》。又为表示他不赞成汉人排满的主张，译了一部甄克思[1]的《社会通诠》（E. Jenks：*History of Politlcs*），自序中说"中国社会，犹然一宗法之民而已"。

严氏介绍西洋哲学的旨趣，虽然不很彻底，但是他每译一书，必有一番用意。译得很慎重，常常加入纠正的或证明的案语。都是很难得的。

---

① 甄克思：英国社会学家。

《天演论》出版后，“物竞”“争存”等语，喧传一时，很引起一种“有强权无公理’的主张。同时有一种根据进化论，而纠正强权论的学说，从法国方面输进来，这是高阳李煜瀛发起的。李氏本在法国学农学，由农学而研究生物学，由生物学而研究拉马尔克[①]的动物哲学，又由动物哲学而引到克鲁巴金[②]的互助论。他的信仰互助论，几与宗教家相像。民国纪元前六年顷，他同几个朋友，在巴黎发行一种《新世纪》的革命报，不但提倡政治革命，也提倡社会革命，学理上是以互助论为根据的。卢骚[③]与伏尔泰[④]等反对强权反对宗教的哲学，纪约的自由道德论，也介绍一点。李氏译了拉马尔克与克鲁巴金的著作，在《新世纪》发表。虽然没有译完，但是影响很大。李氏的同志如吴敬恒、张继、汪精卫等，到处唱自由，唱互助，至今不息，都可用《新世纪》作为起点。

严、李两家所译的，是英、法两国的哲学（惟克鲁巴金是俄国人，但他的《互助论》，是在英国出版的），同时有介绍德国哲学的，是海宁王国维。王氏关于哲学的文词，在《静庵

---

① 拉马尔克：法国博物学家，近代生物学奠基人之一，今译拉马克。
② 克鲁巴金：俄国地理学家、无政府主义者，今译克鲁泡特金。
③ 卢骚：法国启蒙思想家、哲学家、教育家、文学家，今译卢梭。
④ 伏尔泰：法国启蒙思想家、文学家、哲学家、史学家。

集》中。他的自序说："余之研究哲学，始于辛、壬之间（民国纪元前十一年、十年间）。癸卯春，始读汗德[①]之《纯理批评》，苦其不可解，读几半而辍。嗣读叔本华之书而大好之。自癸卯之夏以至甲辰之冬，皆与叔本华之书为伴侣之时代也。所尤惬心者，则在叔本华之知识论，汗德之说，得因之以上窥。然于其人生哲学观，其观察之精锐，与认论之犀利，亦未尝不心怡神释也。后渐觉其有矛盾之处。去夏所作《红楼梦评论》，其立论虽全在叔氏之立脚地，然于第四章内，已提出绝大之疑问。旋悟叔氏之说，半出于其主观的性质，而无关于客观的知识；此意于《叔本华与尼采》一文中始畅发之。今岁之春（纪元前七年），复返而译汗德之书。嗣今以后，将以数年之力，研究汗德。他日稍有所进，取前说而译之，亦一快也。"可以见王氏得力处，全在叔氏，所以他有《叔本华之哲学及教育学说》一篇，谓"汗德憬然于形而上学之不可能，而欲以知识论易形而上学。……叔氏始由汗德之知识论出，而建设形而上学，复与美学、伦理学以完全之系统。……叔氏曰：'我之为我，其现于直观中时，则块然空间及时间中之一物，与万物无异。然其现于反观时，则吾人谓之

---

① 汗德：即康德。

意志而不疑也。而吾人反观时，无知力之形式行乎其间，故反观时之我，我之自身也。然则我之自身，意志也。而意志与身体，吾人实视为一物，故身体者可谓之意志之客观化，即意志之入于知力之形式中者也。吾人观我时得由此二方面，而观物时，只由一方面，即惟由知力之形式中观之。故物之自身，遂不得而知。然由观我之例推之，则一切物主自身，皆意志也’。……古之言形而上学者，皆主知论，至叔本华而唱主意论。……叔氏更由形而上学，进而说美学。夫吾人之本质，既为意志矣。而意志之所以为意志，有一大特质焉，曰生活之欲。何则？生活者，非他，不过自吾人之知识中所观之意志也。……图个人之生活者，更进而图种姓之生活。……于是满足与空乏，希望与恐怖，数者如环无端，而不知其所终。……唯美之为物，不与吾人之利害相关系。而吾人观美时，亦不知有一己之利害。……不视此物为与我有利害之关系，而但观其物，则此物已非特别之物，而代表其物之全种，叔氏谓之曰实念。故美之知识，实念之知识也。……美之对吾人也，仅一时之救济，而非永远之救济，此其伦理学上之拒绝意志之说，所以不得已也。……从叔氏之形而上学，则人类于万物，同一意志之发现也。其所以视吾人为一个人，而与他人物相区别者，实由知力之蔽。夫吾人之知力，既以空间、时间为其形式矣，故凡现于知力中者不得不复杂。既复杂矣，不得不分彼我。故空间、时间二者，……个物化之原理也。……若一旦超越此个物化之原理，而认人与已皆此同一之意志，知己所弗欲者，人亦弗欲之，各主张其生活之欲而不相侵害，于是有正义之德。更进而以他人之快乐为已之快乐，他人之苦痛为己之苦痛，于是有博爱之德。于正义之德中，己之生活之欲，已加以限制，至博爱则其限制又加甚焉。故善恶之别，全视拒绝生活之欲之程度以为断。其但主张自己之生活之欲，而拒绝他人之生活之欲者，是谓过与恶。主张自己，亦不拒绝他人者，谓之正义。稍拒绝自己之欲以主张他人者，谓之博爱。然世界之根本，以存于生活之欲之故，故以苦痛与罪恶充之。而在主张生活之欲以上者，无往而非罪恶。故最高之善，存于灭绝自己生活之欲，且使一切物，皆灭绝此欲，而同入于涅槃之境。”此叔氏伦理学上最高之理想也。

“至叔氏哲学全体之特质，最重要者，出发点在直观，而不在概念是也。”

“彼之哲学，既以直观为唯一之根据，故其教育学之议论，亦皆以直观为本。……叔氏谓直观者，乃一切真理之根本，唯直接间接与此相联络者始得为真理，而去直观愈近者，其理愈真。若有概念杂乎其间，则欲其不罹虚妄，难矣。如吾人持此论以观数学，则欧几里得[1]之方法，二千年间所风行者，欲不谓之乖谬，不可得也。……叔氏于教育之全体，无所往而不重直观。故其教育上之意见，重经验而不重书籍。……而美术之知识，全为直观之知识，而无概念杂乎其间，故叔氏之视美术也，尤重于科学。”

王氏又有《书叔本华遗传说后》一篇，驳叔氏“吾人之性质好尚，自父得之，而知力之种类及程度，由母得之”的说明。又对《释理》及《红楼梦评论》，皆用叔氏哲学作根据，对于叔氏的哲学，研究固然透彻，介绍也很扼要。

王氏又作《叔本华与尼采》一篇，说明尼采与叔本华的关系。尼采最初极端地崇拜叔本华，其后乃绝端与之反对，最为可异。王氏此文，专为解决这个问题起见。他说：“二人以意志为人性之根本也同，然一则以意志之灭绝，为其伦理学之理想，一则反是。一则由意志同一之假说，而唱绝对之博爱主义；一则唱绝对之个人主义。……尼采之学说，全本于叔氏。其第一期之说，即美术时代之说，全负于叔氏，固不待言。第二期之说，亦不过发挥叔氏之直观主义。其第三期之说，虽若与叔氏反对，然要之不外乎以叔氏之美学上之天才

---

① 欧几里得：古希腊数学家，几何学的创立者。

论，应用于伦理学而已。……叔氏谓吾人之知识，无不从充足理由之原则者，独美术之知识则不然。其言曰：‘美术者，离充足理由之原则而观物之道也。……天才之方法也。’……尼采乃推之于实践上，而以道德律之于个人，与充足理由之于天才，一也。……由叔本华之说，最大之知识，在超绝知识之法则。由尼采之说，最大之道德，在超绝道德之法则。……尼采由知之无限制说，转而唱意之无限制说。其《察拉图斯德拉》第一篇中之首章，述灵三变之说，言‘灵魂变为骆驼，由骆驼而变为狮，又由狮而变为赤子，……狮子之所不能为，而赤子能之者何？赤子若狂也，若忘也，万事之原泉也，游戏之状态也，自转之轮也，第一之运动也，神圣之自尊也’。使吾人回想叔本华之《天才论》曰：‘天才者，不失其赤子之心者也。……赤子，能感也，能思也，能教也。……彼之知力，盛于意志。知力之作用，远过于意志之所需要。故自某方而观之，凡赤子，皆天才也。又凡天才自某点观之，皆赤子也。’……叔氏于其伦理说，及形而上学，所视为同一意志之发现者，于知识论及美学上，则分为种种之阶级。彼于其大著述第一书之补遗中，说知力上之贵族主义。……更进而立大人与小人之区别。……对一切非天才而加以种种之恶谥：曰俗子，曰庸夫，曰庶民，曰舆台，曰合死者。尼采则更进而谓之曰众生，曰众庶。其所异者，惟叔本华谓知力上之阶级，惟由道德联结之。尼采则谓此阶级，于知力道德，皆绝对的而不可调和者也。叔氏以持知力的贵族主义，故于伦理学上虽奖卑屈之行，而于其美学上大非谦逊之德。尼采《小人之德》一篇中，恶谦逊。……其为应用叔氏美学之说于伦理学上，昭然可观。……叔本华与尼采，性行相似，知力之伟大相似，意志之强烈相似。其在叔本华，世界者，吾之观念也。于本体之方面，则曰世界万物，其本体皆与吾人之意志同，而吾人与世界万物，皆同一意志之表现也，自他方而言之，世界万物之意志，皆吾之意志也。于是我所有之世界，自现象之方面而扩于本体之方面。而世界之在我，自知力之方面而扩于意志之方面。然彼犹以有今日之世界为不足，更进而求最完全之世界。故其说虽以灭绝意志为归，而于其大著第四篇之末，仍反复灭不终灭，寂不终寂之说。被之说博爱也，非爱世界也，爱其自己之世界而已，其说灭绝也，非真欲灭绝也，不满足今日之世界而已。……彼之形而上学之需要在此，终身之慰借在此。……若夫尼采，以奉实证哲学，故不满于形而上学之空想。而其势力炎炎之欲，失之于彼岸者，欲恢复之于此岸，失之于精神者，欲恢复之于物质。……彼效叔本华之天才，而说超人，效叔本华之放弃充足理由之原则，而放弃道德。高视阔步，而恣其意志之游戏。宇宙之内，有知意之优于彼，或足以束缚被之知意者，彼之所不喜也，故彼二人者，其执无神论，同也。其唱意志自由论，同也。……其所趋虽殊，而性质则一。彼之所以为此说者，无他，亦聊以自慰而已。……《列子》曰：‘周之尹氏大治产，其下趣役者，侵晨昏而弗息。有老役夫，筋力竭矣，而使之弥勤。昼则呻吟而即事，夜则昏惫而熟寐。昔梦为国君，居人民之上，总一国之事，游燕宫观。恣意所欲。觉则复役。’叔氏之天才之苦痛，其役夫之昼也。美学上之贵族主义，与形而上学之意志同一论，其国君之夜也。尼采则不然，彼有叔本华之天才，而无其形而上学之信仰，昼亦一役夫，梦亦一役夫，于是不得不弛其负担，而图一切价值之颠复。举叔氏梦中所以自慰者，而欲于昼日实现之，此叔本华之说所以尚不反于普通之道德，而尼采则肆其叛逆而不惮者也。此无他，彼之自慰藉之道，固不得不出于此也。”

王氏介绍叔本华与尼采的学说，固然很能扼要，他对于哲学的观察，也不是同时人所能及的，彼作《论哲学家与美术家之天职》一篇，说：“天下有最神圣最尊贵而无与于当世之用者，哲学与美术是已。天下之人，嚣然谓之曰‘无用’，无损于哲学美术之价值也。至为此学者，自忘其神圣之位置，而求以合当世之用，于是二者之价值失。……且夫世之所谓有用者，孰有过于政治家实业家者乎？世人喜言功用，吾姑以功用言之。夫人之所以异于禽兽者，岂不以其有纯粹之知识，与微妙之感情哉？至于生活之欲，人与禽兽无以或异。后者，政治家及实业家之所供给。前者之慰藉满足，非求诸哲学及美术不可。就其所贡献于人之事业言之，其性质之贵贱，固以殊矣。至于其功效之所及言之，则哲学家与美术家之事业，虽千载以下，四海以外，苟其所发明之真理（哲学）与其所表之记号（美术）之尚存，则人类之知识感情，由此而得其满足慰藉者，曾无以异于昔。而政治家及实业家之事业，其及于五世、十世者希矣。此久暂之别也。然则人而无所贡献于哲学、美术，斯亦已耳。苟为真正之哲学家、美术家、又何慊乎政治家哉？披我中国之哲学史，凡哲学家无不欲为政治家者，斯可异已。孔、墨、孟、荀，汉之贾、董，宋之张、程、朱、陆，明之罗、王无不然。……夫然，故我国无纯粹之哲学。其最完备者，唯道德哲学与政治哲学耳。至于周、秦、两宋之形而上学，不过欲固道德哲学之根底；其对形而上学，非有固有之兴味也。其于形而上学且然，况乎美学、名学、知识论等，冷淡不急之问题哉？”又作《教育偶感》四则，中有《大学及优级师范学校之削除哲学科》说：“奏立学堂章程，张制军（之洞）之所手定，其大致取法日本学制，独于文科大学中，削除哲学一科，而以理学科代之。……自其科目之内容观之，则所谓理学者，仅指宋以后之学说。而其教授之范围，亦止于此。……抑吾闻叔本华之言曰：“大学之哲学，真理之敌也。真正之哲学，不存于大学。哲学惟恃独立之研究，始得发达耳。’然则制军之削此科，抑亦斯学之幸欤？至于优级师范学校则不然。夫师范学校，所以养成教育家，非养成哲学家之地也。故其视哲学也，不以为一目的，而以为一手段。何则？不通哲学，则不能通教育学、及与教育学相关系之学，故也。且夫探宇宙人生之真理，而定教育之理想者，固哲学之事业。然此乃天才与专门家之所为，非师范学校之生徒所能有事也。师范学校之哲学科，仅为教育学之预备，若补助之用，而其不可废，亦即存乎此。何则？彼挟宇宙人生之疑惑，而以哲学为一目的而研究之者，必其力足以自达，而无待乎设学校以教之。且宇宙人生之事实，随处可观，而其思索，以自己为贵。故大学之不设哲学科，无碍斯学之发达也。若夫师范学校之生徒，其志望惟欲为一教育家，非于哲学上有极大之兴味也。而哲学与教育学之关系，凡稍读教育学之一二页者即能言之。……今欲舍哲学而言教育学，此则愚所大惑不解者也。”

王氏那时候热心哲学到这个地步。但是他不久就转到古物学、美术史的研究；在自序中所说“研究汗德”的结果，嗣后竟没有报告，也没有发表关于哲学的文辞了。

王氏介绍尼采学说，不及叔本华的详备；直到民国九年，李石岑所编《民铎》杂志第二卷第一号，叫作尼采号，就中叙述的有白山的《尼采传》，符所译的Nüge的《尼采之一生及其思想》。译大意的，有朱侣云的《超人和伟人》，张叔丹的《查拉图斯特拉的绪言》，刘文超的《自己与身》之类。批评的，有李石岑之《尼采思想之批评》，与S. T. W. 的《尼采学说之真价》。比较的详备一点了。

《民铎》杂志第三卷第一号，在民国十年十二月一日出版的，是柏格森号。就中叙述的是严阮澄的《柏格森传》。译述的是蔡元培的《哲学导言》，柯一岑的《精神能力说》与《梦》，严阮澄的《绵延与自我》，范寿康的《柏格森的时空论》，冯友兰的《柏格森的哲学方法》。比较的是杨正宇的《柏格森之哲学与现代之要求》，瞿世英的《柏格森与现代哲学之趋势》，范寿康的《直观主义哲学的地位》。与佛学比较的，是吕澂的《柏格森哲学与唯识》，梁漱溟的《唯识家与柏格森》，黎锦熙的《维摩语经纪闻跋》。批评的是李石岑的《柏格森哲学之解释与批判》，张东荪的《柏格森哲学与罗素的批评》。又有一篇君劢的《法国哲学家柏格森谈话记》。谈话记的第一节说："呜呼！康德以来之哲学家，其推倒众说，独辟蹊径者，柏格森一人而已。昔之哲学家之根本义曰常，曰不变，而柏氏之根本义，则曰变，曰动。昔之哲学家曰'先有物而后有变有动'，而柏氏则曰'先有变有动而后有物'。惟先物而后变动焉，故以物为元始的，而变动为后起的。惟先变动而后物焉，故以动为原始的，而物为后起的。昔之学者曰：'时间者，年、月、日、时、分、秒，而已。'柏氏曰：'此年、月、日、时、分、秒，乃数学的时间也，亦空间化之时间也。吾之所谓真时间，则过去、现在、未来三者相继续，属之自觉性与实生活中，故非数学所得而表现。'昔之哲学家，但知有物，而不知物之原起。柏氏曰：'天下无所谓物，但有行为而已。物者，即一时的行为也。由人类行为施其力于空间，而此行为之线路，反映于吾人眼中，则为物之面之边。'昔之哲学者曰：'求真理之具，曰官觉，曰概念，曰判断。'柏氏曰：'世界之元始的实在曰变动。故官觉、概念、判断三者，不过此变动之片段的照相。是由知识之选择而来，其本体不若是焉。'"虽寥寥数语，但柏氏哲学的真相，介绍得很深切了。

《民铎》杂志的尼采号，有尼采之著述及关于尼采研究之参考书；柏格森号亦有柏格森著述及关于柏格森研究之参考书。这可算是最周密的介绍法。

柏格森号中作《柏格森哲学与罗素的批评》一篇的张东荪，是专门研究柏格森哲学的。他已经译了柏氏的《创化论》（*L'Évolution Créatrice*），现在又译《物质与记忆》（*Matière et Mémoire*），听说不久可译完。

作《法国哲学家柏格森谈话记》的君劢，就是张嘉森，他是近两年专在欧洲研究新哲学的。到法国，就研究柏格森哲学。到德国，就研究倭铿[①]哲学。他不但译这两个哲学家的书，又请柏氏、倭氏的大弟子特别讲解；又时时质疑于柏氏、倭氏。他要是肯介绍两氏的学说，必可以与众不同。介绍倭铿学说的人，还没有介绍柏氏的多，但《民铎》杂志第一卷，也有李石岑关于倭氏学说的论文。

柏氏、倭氏都是我们想请他到中国来讲学的人，倭氏因太老，不能来了。柏氏允来，尚不能定期。我们已经请到过两位大哲学家：一位是杜威[②]，一位是罗素。

杜威的哲学，从詹姆士[③]（William James）的实际主义演进来的。杜威将来的时候，他的弟子胡适作了一篇《实验

---

① 倭铿：德国唯心主义哲学家，今译奥伊肯。

② 杜威：美国哲学家、教育家，实用主义者。

③ 詹姆士：美国哲学家与心理学家，今译詹姆斯。

主义》介绍他，先说明实验主义的起原，道："现今欧美很有势力的一派哲学，英文叫做Pragmatism，日本人译为'实际主义'。这个名称本来还可用。但这一派哲学里面，还有许多大同小异的区别，'实际主义'一个名目，不能包括一切支派。英文原名Pragmatism本来是皮耳士[①]（C. S. Peirce）提出的。后来詹姆士把这个主义应用到宗教经验上去，皮耳士觉得这种用法不很妥当，所以他想把原来主义改称为Pragmaticism，以别于詹姆士Pragmatism。英国失勒[②]（F. C. S. Schiller）一派，把这个主义的范围更扩充了，本来不过是一种辩论的方法，竟变成一种真理论和实在论了。（看詹姆士的*Meaning of Truth*，页五十一）所以失勒提议改用'人本主义'（Humanism）的名称。美国杜威一派，仍旧回到皮耳士所用的原意，注重方法论一方面，他又嫌詹姆士和失勒一般人太偏重个体事物和意志的方面，所以他不愿用Pragmatism的名称，他这一派自称为工具主义（Instrumntalism），又可译为'应用主义'或'器用主义'。因为这一派里面有这许多区别，所以不能不用一个涵义最广的总名称。'实

① 皮耳士：美国逻辑学家，实用主义者，今译皮尔斯。

② 失勒：英国哲学家，实用主义的代表人物，今译席勒。

际主义’四个字让詹姆士独占，我们另用“实验主义’的名目来做这一派哲学的总名。就这两个名词的本义来看，‘实际主义’（Pragmatism）注重实际的效果，‘实验主义’（Experimentalism）虽然也注重实际的效果，但他更能点出这种哲学所最注意的是实验的方法。实验的方法，就是科学家在试验室里用的方法。这派哲学的始祖皮耳士常说他的新哲学不是别的，就是‘科学试验室的态度’（The Laboratory attitude of Mind）。这种态度，是这种哲学的各派所公认的，所以我们可用来做一个‘类名’。”这一节叙杜威学派的来原很清楚，后来杜威讲“现代三大哲学家”，又把詹姆士的学说介绍了一回。所以杜威一来，连詹姆士也同时介绍了。

杜威在中国两年，到的地方不少，到处都有演讲。但是长期的学术演讲，止在北京、南京两处，北京又比较的久一点。在北京有五大演讲，都是胡适口译的：

第一，社会哲学与政治哲学。

第二，教育哲学。

第三，思想之派别。

第四，现代的三个哲学家。

第五，伦理讲演。

胡氏不但临时的介绍如此尽力，而且他平日关于哲学的著作，差不多全用杜威的方法，所以胡氏可算是介绍杜威学说上最有力的人。他在杜威回国时，又作了一篇《杜威先生与中国》。就中有一段说："杜威先生不曾给我们一些关于特别问题的特别主张，——如共产主义、无政府主义、自由恋爱之类，——他只给了我们一个哲学方法，使我们用这个方法去解决我们自己的特别问题。他的哲学方法，总名叫做'实验主义'；分开来可作两步说：（1）历史的方法'祖孙的方法'：他从来不把一个制度或学说，看作一个孤立的东西，总把他看作一个中段：一头是他所以发生的原因，一头是他自己发生的效果；上头有他的祖父，下头有他的子孙。捉住了这两头，他再也逃不出去了！这个方法的应付，一方面是很忠厚宽恕的，因为他处处指出一个制度或学说所以发生的原因，指出他历史的背景，故能了解他在历史上的地位与价值，故不致有过分的苛责。一方面，这个方法又很是严厉的，最带有革命性质的。因为他处处拿一个学说或制度发生的结果，来评判他本身的价值，故最公平，又最厉害。这种方法，是一切带有评判精神的运动的一个武器。（2）实验的方法：实验的方法，至少注重三件事：（一）从具体的事实与境地下手；（二）一切学说理想，一切知识，都只是待证的假设，并非天经地义；（三）一切学说与理想，都须用实行来试验过。实验是真理的唯一试金石。第一件——注意具体的境地——使我们免去许多无谓的问题，省去许多无意识的争论。第二件——一切学理都看作假设——可以解放许多‘古人的奴隶’。第三件——实验——可以稍稍限制那上天下地的妄想冥想。实验主义只承认那一点一滴做到的进步，——步步有智慧的指导，步步有自动的实验——才是真进化。”可算是最简要的介绍。

胡氏以外，还有杜威的弟子蒋梦麟、刘伯明、陶知行等等。蒋氏方主持《新教育》，特出了一本杜威号。刘氏、陶氏，当杜威在南京、上海演讲时，担任翻译。刘氏还译了杜威所著的《思维术》。

罗素在北京也有五大讲演：

第一，数理逻辑。

第二，物之分析。

第三，心之分析。

第四，哲学问题。

第五，社会构造论。

都是赵元任口译的。在《数理逻辑》印本后，有张崧年《试编罗素既刊著作目录》一卷。

在罗素没有到中国以前，已有人把他著的书翻译了几部，如《到自由之路》、《社会改造原理》等。罗素的数学与哲学，我国人能了解而且有兴会的，很不多。他那关于改造社会的理想，很有点影响。他所说的人应当裁制他占有的冲动，发展他创造的冲动。同称引老子的“生而不有，为而不恃，长而不宰”主义，很引起一种高尚的观念，可与克鲁巴金的“互助”主义，有同等价值。

五十年内，介绍西洋哲学的成绩，大略如是。现在要讲到整顿国故的一方面了。近年整理国故的人，不是受西洋哲学影响，就是受印度哲学影响的。所以我先讲五十年来我国人对于印度哲学的态度。

民国纪元前四十七年，石埭杨文会始发起刻书本藏经的事。前二三年，他在江宁延龄巷，设金陵刻经处。他刻经很多，又助日本人搜辑续藏经的材料，又也著了几种阐扬佛教的书。但总是信仰方面的工夫，不是研究的。他所作的《佛法大旨》里面说：“如来设教，义有多门。譬如医师，应病与药。但旨趣玄奥，非深心研究，不能畅达。何则？出世妙道，与世俗知见，大相悬殊。西洋哲学家数千年来精思妙想，不能入其堂奥。盖因所用之思想，是生灭妄心；与不生不灭常在真心，全不相应。是以三身四智，五眼六通，非哲学所能企及也。”又云：“近时讲心理学者每以佛法与哲学相提并论，故章末特为指出以示区别。”（见《等不等观杂录》卷一）就是表明佛法是不能用哲学的方法来研究的。所以杨氏的弟子很多，就中最高明的如桂念祖、黎端甫、欧阳渐等，也确守这种宗法。直至民国五年，成都谢蒙编《佛学大纲》，下卷分作《佛教论理学》《佛教心理学》《佛教伦理学》三篇。从民国六年起，国立北京大学在哲学门设了“印度哲学”的教科，许丹、梁漱溟相继续的讲授，梁氏于七年十月间，印布所著的《印度哲学概论》，分《印土各宗概略》《本体论》《认识论》《世间论》四编。立在哲学家地位，来研究佛法同佛法以前的印度学派，算是从此开端了。

至于整理国故的事业，也到严复介绍西洋哲学的时期，才渐渐倾向哲学方面。这因为民国纪元前十八年，中国为日本所败，才有一部分学者，省悟中国的政教，实有不及西洋各国处，且有不及维新的日本处，于是基督教会所译的，与日本人所译的西洋书，渐渐有人肯看，由应用的方面，引到学理的方面，把中国古书所有的学理来相印证了。

那时候在孔子学派上想做出一个“文艺复兴”运动的，是南海康有为。他是把进化论的理论应用在公羊春秋的据乱、升平、太平三世，同《小戴记·礼运》篇的小康大同上。他所著的《大同书》，照目录上是分作十部：甲部，入世界，观众苦。乙部，去国界，合大地。丙部，去级界，平民族。丁部，去种界，同人类。戊部，去形界，各独立。己部，去家界，为天民。庚部，去产界，公生业。辛部，去乱界，治太平。壬部，去类界，爱众生。癸部，去苦界，至极乐。已经刊布的，止有甲、乙两部，照此例推，知道从乙部到壬部，都是他理想的制度。甲部与癸部，是理论。他在甲部的第一章说："有生之徒，皆以求乐免苦而已，无他道矣。其有迂具途，假其道，曲折以赴，行苦而不厌者，亦以求乐而已。虽人之性有不同乎！而可断断言之曰，人道无求苦去乐者也。立法创教，令人有乐而无苦，善之善者也。能令人乐多苦少，善而未尽善者也。令人苦多乐少，不善者也。"他的人生观是免苦求乐。但是他不主张利己主义，因为见了他人的苦，自己一定不能乐了，因为"人有不忍之心"。他也不主张精神上的乐，可以抵偿物质上的苦，所以他说："人生而有欲，天之性哉！欲无可尽则常节之。欲可近尽，则愿得之。近尽者何？人人之所得者，吾其不欲得之乎哉？其不可得之也，则耻不比于人数也。其能得之也，则生人之趣应乐也。生人之乐趣，人情所愿欲者何？口之欲美饮食也；居之欲美宫室也；身之欲美衣服也；目之欲美色也；鼻之欲美香泽也；耳之欲美音声也；行之欲灵捷舟车也；用之欲使美机器也；知识之欲学问图书也；游观之欲美园林山泽也；体之欲无疾病也；养生送死之欲无缺也；身之欲游戏登临，从容暇豫，啸傲自由也；公事大政之欲预闻预议也；身世之欲无牵累压制而超脱也；名誉之欲彰彻大行也；精义妙道之欲入于心耳也；多书、妙画、古器、异物之欲罗于眼底也；美男妙女之欲得我意者而交之也；登山临水、泛海升天之获大观也。”（《大同书》甲部六六页至六七页）看物质上与精神上的快乐，都是必需的；他也不主张厌世主义，要脱世间的苦，求出世间的乐，他说：“乱世之神圣仙佛，凡百教主，皆苦矣哉！而尚未济也。岂若大同之世，太平之道，人人无苦患，不劳神圣仙佛之普度。而人人皆神圣仙佛，不必复有神圣仙佛。”他所主张的是创立一种令人有乐无苦的制与教，在地上建设天国，那时候就是“太平之世，性善之时”。这种主张，是以“不忍之心”为出发点的。他说：“夫见见觉觉者，形声于彼，传送于目耳；冲动于魂气。凄凄怆怆，袭我之阳；冥冥岑岑，入我之阴；犹犹然而不能自已者，其何朕耶？其欧人所谓以太耶？其古所谓不忍之心耶？其人皆有此不忍之心耶？宁我独有耶？”又说：“天者，一物之魂质也，人者，亦一物之魂质也。虽形有大小，而其分浩气于太元，挹涓滴于大海，无以异也。……无物无电，无物无神。夫神者，知气也，魂知也，精爽也，灵明也，明德也，数者，异名而同实。有觉知则有吸摄；磁石犹然，何况于人？不忍者，吸摄之力也。故仁智同藏而智为先；仁智同用，而仁为贵矣。”（甲部五页至六页）他以快乐为人生究竟的目的，以同情为道德的起原，很有点像英国功利论的哲学。

方康氏著《大同书》的时候，他的朋友谭嗣同著了一部《仁学》。康氏说“以太”，说“电”，说“吸摄”，都作为“仁”的比喻；谭氏也是这样。康氏说“去国界”“去级界”等等，谭氏也要去各种界限。这是相同的。但谭氏以华严及庄子为出发点，以破对待为论锋，不注意于苦乐的对待，所以也没有说去苦就乐的方法。他的《仁学》，有《界说》二十七条。就中最要的：（一）“仁以通为第一义。以太也，电也，心力也，皆指出所以通之具。”（三）“通有四义，中外通，多取其义于春秋，以太平世大小远近若一，故也。上下通、男女内外通，多取其义于《易》，以阳下阴吉，阴下阳吝，泰、否之类是也。人我通，多取其义于佛经，以无人相，无我相，故也。”（七）“通之象为平等。”（八）“通则必尊灵魂；平等则体魄可为灵魂。”（十一）“仁为天地万物之源，故惟心，故惟识”。（十三）“不生不灭，仁之体。”（十七）“仁，一而已，凡对待之词，皆当破之。”他的破对待的说明："对待生于彼此；彼此生于有我。我为一，对我者为人则生二。人我之交则生三。参之，伍之，错之，综之。朝三而暮四，朝四而暮三，名实未亏，而爱恶因之。由是大小、多寡、长短、久暂，一切对待之名，一切对待之分别，殽然哄然。其瞒也，其自瞒也，不可以解矣。然而有瞒之不尽者，偶露端倪，所以示学人以路也。一梦而数十年月也。一思而无量世界也。尺寸之镜，无形不纳焉。铢两之脑，无物不志焉。……虚空有无量之星日，星日有无量之虚空，可谓大矣；非彼大也，以我小也。有人不能见之微生物，有微生物不能见之微生物，可谓小矣；非彼小也，以我大也，何以有大？比例于我小而得之。何以有小？比例于我大而得之。然则但无我见，世界果无大小矣。多寡、长短、久暂，亦复如是。疑以为幻，虽我亦幻也。何幻非真？何真非幻？真幻亦对待之词，不足疑对待也。惊以为奇，而我之能言，能动，能食，能思，不更奇乎？何奇非庸？何庸非奇？庸奇又对待之词，不足惊对待也。"（二十页）他的不生不灭的说明："不生不灭有征乎？日弥望皆是也。如向所言化学诸理，穷其学之所至，不过析数原质而使之分，与并数原质而使之合，用其已然而固然者，时其好恶，剂其盈虚，而以号曰某物某物，如是而已。岂竟能消灭一原质，与别创造一原质哉？”（十二至十三页）又说：“今夫我何以知有今日也，比于过去未来而知之。然而去者则已去，来者又未来，又何知有今日？追乎我知有今日，则固已逝之今日也。过去独无今日乎？乃谓曰过去。未来独无今日乎？乃谓之曰未来。今日则为今日矣，乃阅明日，则不谓今日为今日。阅又明日，又不谓明日为今日。日析为时，时析为刻，刻析为分，分析为秒忽。秒忽随生而随灭；确指某秒某忽为今日，确指某秒某忽为今日之秒忽，不能也。昨日之天地，物我据之以为生，今日则皆灭。今日之天地，物我据之以为生，明日则又灭。不得据今日为生，即不得据今日为灭。故曰，生灭，即不生不灭也。”（十八至十九页）举这几条例，可见他的哲理，全是本于《庄子》与《华严》了。他主张破对待，主张平等，所以他反对名教。反对以淫杀为绝对的恶。反对三纲。他主张通，所以反对闭关，反对国界，反对宁静安静，反对崇俭。他在那时候，敢出这种“冲决网罗”的议论，与尼采的反对基督教奴隶道德差不多了。

他的《界说》道：“凡为仁学者，于佛书当通《华严》及心宗、相宗之书。于西书当通《新约》及算学、格致、社会学之书。于中国当通《易》《春秋》《公羊传》《论语》《礼记》《孟子》《庄子》《墨子》《史记》，及陶渊明、周茂叔、张横渠、陆子、王阳明、王船山、黄梨洲之书。”（二十五）又说：“算学虽不深，而不可不习几何学，盖论事办事之条段在是矣。”（二十六）又说：“格致即不精，而不可不知天文、地舆、全体、心灵四学，盖群学群教之门径在是矣。”（二十七）那时候西洋输入的科学，固然很不完备，但谭氏已经根据这些科学，证明哲理，可谓卓识。《仁学》第二十四页：“难者曰：‘子陈义高矣，既已不能行，而滔滔为空言，复事益乎？’曰：吾贵知不贵行也。知者，灵魂之事也。行者，体魄之事也。……行有限而知无限，……且行之不能及知，又无可如何之势也。手足之所接，必不及耳目之远；记性之所含，必不及悟知之广；权尺之所量，必不及测量之确；实事之所丽，必不及空理之精；夫孰能强易之哉？”也能说明哲学与应用科学不同的地方。

与康、谭同时，有平阳宋恕、钱唐夏曾佑两人，都有哲学家的资格。可惜他们所著的书，刊布的很少。宋氏止刊布《卑议》四十六篇，都是论政事的。他的自序印行缘起说：“孟氏曰：‘人皆有不忍人之心，斯有不忍人之政。’……其有愿行不忍人之政者乎？其宁无取于斯议焉？”他在《卑议》中说：“儒家宗旨，一言以蔽之，曰‘抑强扶弱’。法家宗旨，一言以蔽之，曰‘抑弱扶强’。洛闽讲学，阳儒阴法。”（《贤隐》篇《洛闽》章第七）又说：“洛闽祸世，不在谈理，而在谈理之大远乎公。不在讲学，而在讲学之大远乎实。”他的自叙说：“儒术之亡，极于宋元之际。神州之祸，极于宋元之际。苟宋元阳儒阴法之说一日尚炽，则孔孟忠恕仁义之教一日尚阻。”可见他也是反对宋元烦琐哲学，要在儒学里面做“文艺复兴”的运动。他在《变通》篇《救惨》章说：“赤县极苦之民有四，而乞人不与焉。一曰童养媳，一曰娼，一曰妾，一曰婢。”他说娼的苦：“民之无告于斯为极，而文人乃以宿娼为雅事，道学则斥难妇为淫贱。……故宿娼未为丧心，文人之丧心，在以为雅事也。若夫斥为淫贱，则道学之丧心也。”在《同仁》章说：“今国内深山穷谷之民多种，世目之曰黎，曰苗，曰猺，曰獠，被以丑名，视若兽类。……今宜于官书中，削除回、黎、苗、猺、獠等字样，一律视同汉民。”又在《自叙》说：“更卑于此，吾弗能矣。非弗能也，诚弗忍也。夫彼阳儒阴法者流，宁不自知其说之殃民哉？然而苟且图富贵，不恤以笔舌驱其同类于死地，千万亿兆乃至恒河沙数者，其恻隐绝也。今恕日食动物，比于佛徒，恻隐微矣。然此弗忍同类之忱，自幼至今，固解莫解，安能绝也？嗟乎！行年将三十矣（作自序时，民国纪元前二十一年）。又三十年，则且老死。杂报如家，人天如客，轮转期迩，栗栗危惧。区区恻隐，于仁全量，如一滴水，与大海较。夫又安可绝也？夫又安可绝也？”可见他的理想，也是以同情为出发点。《卑议》以外的著作，虽然不可见，大略也可推见了。

夏氏是一个专门研究宗教的人，有给杨文会一封信：“弟子十年以来，深观宗教。流略而外，金头五顶之书，基督天方之学，近岁粗能通其大义，辨其径途矣。惟有佛法，法中之王，此语不诬，至今益信。而兹道之衰，则实由禅宗而起。明末，唯识宗稍有述者，未及百年，寻复废绝。然衰于支那而盛于日本。近来书册之东返者不少，若能集众力刻之，移士夫治经学、小学之心以治此事，则于世道人心当有大益。……近来国家之祸，实由全国人民不明宗教之理之故所致；非宗教之理大明，必不足以图治也，至于出世，更不待言矣。又佛教源出婆罗门，而诸经论言之不详。即七十论十句义，亦只取其一支，非其全体。而婆罗门亦自秘其经，不传别教。前年英人穆勒，始将《四韦驮》之第一种，译作英文；近已买得一分，分四册，二梵，二英。若能译之以行于世，则当为一绝大因缘。又英人所译印度教派，与中土奘师所传著不异。惟若提子为一大宗，我邦言之不详，不及数论胜论之夥。又言波商羯罗源出于雨众，将佛教尽灭之，而为今日现存婆罗门各派之祖。此事则支那所绝不知者。”（见杨文会《等不等观杂录》卷六）即此一信，也看得出研究范围的广与用工的久了。但是他至今没有发布他所研究的宗教哲学。他的著作，已经刊布的，止有《中国历史教科书》三册。今把这三册里面，稍近哲理的话，摘抄一点。

第一篇“世界之始”说：“人类之生，决不能谓其无所始。然其所始，说各不同，大约分为两派：古言人类之始者为宗教家；今言人类之始者为生物学家。宗教家者，随其教而异；各以其本群最古之书为凭。……详天地剖判之形，元祖降生之事。……无一同者。昔之学人笃于宗教，每多出主入奴之意。今幸稍衰，但用以考古而已。至于生物学者，创于此百年以内。最著者英人达尔文之种源论。”（第一篇第一页）

“五行至禹而传”说：“包牺以降，凡一代受命，必有河图。……盖草昧之时，为帝王者，不能不托神权以治世，故必受河图以为天命之据。且不但珍符而已，图书均有文字（《河图洛书》），列治国之法，与《洪范》等，惜其书不传，惟《洪范》存于世。五行之说，殆为神州学术之质干。‘鲧湮洪水，汩陈其五行。帝乃震怒，不畀洪范九畴，彝伦攸斁，鲧则殛死。禹乃嗣兴，天乃锡禹洪范九畴，彝伦攸叙。’其诸西柰山之石版

与？”（第一篇第三十页）

“孔子以前之宗教”说：“孔子一身，直为中国政教之原。……然欲考孔子之道术，必先明孔子道术之渊源。孔子者，老子之弟子也。孔子之道，虽与老子殊异，然源流则出于老，故欲知孔子者不可不知老子。然老子生于春秋之季，欲知老子，又必知老子以前天下之学术若何。老子以前之学术明，而后老子之作用乃可识。老子之宗旨见，而后孔子之教育乃可推。至孔子教育之指要，既有所窥，则自秦以来，直至目前，此二千余年之政治盛衰、人材升降，文章学问、千枝万条，皆可烛照而数计矣。”（八十四页）“鬼神术数之事，今人不能不笑古人之愚。然非愚也。盖初民之意，观乎人类，无不各具知觉。然而人之初生，本无知觉者也，其知觉不知何自而来。人之始死，本有知觉者也，其知觉又不知从何而去。于是疑肉体之外，别有一灵体存焉。其生也，灵体与肉体相合而知觉显。其死也，灵体与肉体相分而知觉隐。有隐显而已，无存亡也。于是有人鬼之说。既而仰观于天，日月升沉，寒暑迭代，非无知觉者所能为也，于是有天神之说。俯观乎地，出云雨，长草木，亦非无知觉者所能为也，于是有地祇之说。人鬼，天神，地祇，均以生人之理推之而已。其他庶物之变，所不常见者，则谓之物魅，亦以生人之辩推之而已。此等思想，太古已然。逮至算术既明，创为律历、天文，诸事渐可测量。推之一二事而合，遂谓推之千万事而无不合，乃创立法术，以测未来之事，而术数家兴。”

“新说之渐”说：“鬼神术数之学，传自炎黄，至春秋而大备。然春秋之时，人事进化，骎骎有一日千里之势；鬼神术数之学，不足以牢笼一切。春秋之末，明哲之士，渐多不信鬼神术数者。……至于老子，遂一洗古人之面目。九流百家，无不源于老子。”

“老子之道”说：“老子之书，于今具在。讨其义蕴，大约以反复申明鬼神术数之误为宗旨。‘万物芸芸，各归其根；归根则静，是谓复命。’是知鬼神之情状，不可以人理推，而一切祷祀之说破矣。‘有物浑成，先天地生。’则知天地山川、五行百物之非原质，不足以明天人之故，而占验之说废矣。‘祸兮福所倚，福兮祸所伏。’则知祸福纯乎人事，非能有前定者，而天命之说破矣。鬼神，五行，前定既破，而后知‘天地不仁，以万物为刍狗。圣人不仁，以百姓为刍狗’。閟宫清庙、明堂辟雝之制，衣裳钟鼓、揖让升降之文之更不足言也。虽然，老子为九流之初祖，其生最先。凡学说与政论之变也，其先出之书，所以矫前代之失者，往往矫枉过正。老子之书，有破坏而无建立，可以备一家之哲学，而不可以为千古之国教，此其所以有待于孔子与？”

“孔子之异闻”说：“盖自上古至春秋，原为鬼神术数之时代；乃合蚩尤之鬼道，与黄帝之阴阳以成文，皆初民所不得不然。至老子骤更之，必为天下所不许。书成身隐，其避祸之意耶？孔子虽学于老子，而知敦理太高，必与民知不相适而废。于是去其太甚，留其次者，故去鬼神而留术数。《论语》言‘未知生，焉知死’，又言‘不知命，无以为君子’。即其例也。然孔子所言虽如此，而社会多数之习，终不能改，至汉儒乃以鬼神术数之理解经。”

“墨子之道”说：“其学与老子、孔子同出于周之史官，而其说与孔子相反。惟修身、亲士，为宗教所不可无，不能不与孔子同。其他则孔子亲亲，墨子尚贤。孔子差等，墨子兼爱。孔子繁礼，墨子节用。孔子重丧，墨子节葬。孔子说天，墨子天志。孔子远鬼，墨子明鬼。孔子正乐，墨子非乐。孔子知命，墨子非命。孔子尊仁，墨子贵义。殆无一不与孔子相反。然求其所以然之故，亦非墨子故为与孔子相戾；特其中有一端不同，而诸端遂不能不尽异。宗教之理，如算式然，一数改则各数尽改。‘墨子学于孔子，以为其礼烦扰而不说，厚葬靡财而贫民，久服伤生而害事。’（《淮南子》）丧礼者，墨子与孔子不同之大原也。儒家丧礼之繁重，为各宗教所无，然儒家则有精理存焉。儒家以君父为至尊无上之人，以人死为一往不返之事。以至尊无上之人，当一往不返之事，而孝又为政教全体之主纲，丧礼乌得而不重？墨子既欲节葬，必先明鬼。（有鬼神，则身死，犹有其不死者存，故丧可从杀。天下有鬼精之教，如佛教、耶教、回教，其丧礼无不简略者。）既设鬼神，则宗教为之大异。有鬼精，则生死轻，而游侠犯难之风起；异乎儒者之尊生。有鬼精，则生之时暂，不生之时常，肉体不足计，五伦不足重，而平等兼爱之义伸，异乎儒者之明伦。其他种种异义，皆由此起；而孔、墨遂成相反之教焉。”

“三家总论”：“老、孔、墨三大宗教，皆起于春秋之季，可谓奇矣。抑亦世运之有以促之也。其后孔子之道，成为国教。道家之真不传。（今之道家皆神仙家。）墨家遂亡。兴亡之故，固非常智所能窥；然亦有可浅测之者。老子于鬼神、术数，一切不取者也。其宗旨过高，非神州之人所解，故其教不能大。孔子留术数而去鬼神，较老子为近人矣，然仍与下流社会不合，故其教只行于上等人，而下等人不及焉。墨子留鬼神而去术数，似较孔子更近，然有天志而无天堂之福，有明鬼而无地狱之罪，是人之从墨子者苦身焦思而无报；违墨子者放辟邪侈而无罚也；故上下之人均不乐之，而其教遂亡。至佛教西来，兼孔、墨之长，而去其短，遂大行于中国，至今西人皆以中国为佛教国也。”

第二篇《秦于中国之关系》：“秦政之尤大者则在宗教。始皇之相为李斯，司马迁称‘斯学帝王之术于荀子’。……荀子出于仲弓，其实乃孔门之别派也。观《荀子·非十二子》篇，子思、孟子、子游、子夏，悉加丑诋。而己所独揭之宗旨，乃为性恶一端。夫性既恶矣，则君臣、父子，夫妇、兄弟、朋友之间，其天性本无所谓忠孝慈爱者；而弑夺杀害，乃为情理之常。于此而欲保全秩序，舍威刑劫制，末由矣。本孔子专制之法，行荀子性恶之旨，在上者以不肖持其下，无复顾惜；在下者以不肖自待，而蒙蔽其上。自始皇以来，积二千余年，国中社会之情状，犹一日也。社会若此，望其义安，自不可得……不能不叹秦人择教之不善也，然秦之宗教，不专于儒。大约杂采其利己者用之。神仙之说，起于周末，言人可长生不死，形化上天，此为言鬼神之进步。而始皇颇信其说，卢生、徐市之徒，与博士、诸生并用。中国国家，无专一之国教；孔子，神仙，佛，以至各野蛮之鬼神，常并行于一时一事之间；殆亦秦人之遗习与？”

“儒家与方士之糅合”说：“观秦汉时之学派，其质干有三：一、儒家，二、方士，三、黄老，一切学术，均以是三者离合而成之。……因儒家尊君，君者，王者之所喜也。方士长生，生者亦王者之所喜也。二者既同为王者之所喜，则其势必相妒，于是各盗敌之长技以谋独擅，而二家之糅合成焉。”

“儒家与方士分离即道教之原始”说：“鬼神术数之事，虽暂为儒者所不道。而此欢迎鬼神术数之社会，则初无所变更。故一切神怪之谭，西汉由方士并入儒林；东汉再由儒林分为方术，于是天文、风角、河洛、五星之说，乃特立于六艺之外，而自成一家。后世相传之奇事灵迹，全由东汉人开之。……及张道陵起，众说乃悉集于张氏，遂为今张天师之鼻祖，然而与儒术无与矣。”

“三国末社会之变迁”说：“循夫优胜劣败之理，服从强权，遂为世界之公例。威力所及，举世风靡，弱肉强食，视为公义。于是有具智仁勇者出，发明一种抵抗强权之学说，以扶弱而抑强。此宗教之所以兴，而人之所以异于禽兽也。佛教、基督教，均以出世为宗，故其反抗者在天演。神州孔墨皆详世法，故其教中，均有舍身救世之一端。虽儒侠道违，有如水火；而此一端，不能异也。顾其为道，必为秉强权者之所深恶，无不竭力以磨灭之。历周秦至魏晋，垂及千年，上之与下，一胜一负，有如回澜。至司马氏而后磨灭殆尽。其兴亡之故，中国社会至大之原因也。”

看所引几条，夏氏宗教哲学的大意，也可见一斑了。

这时代的国学大家里面，认真研究哲学，得到一个标准，来批评各家哲学的，是余杭章炳麟。章氏自叙“思想变迁之迹”道：“少时治经，谨守朴学；所疏通证明者，在文字器数之间。虽尝博观诸子，略识微言，亦随顺旧义耳。遭世衰微，不忘经国；寻求政术，历览前史；独子荀卿、韩非所说，谓不可易。自余闳眇之旨，未暇深察。继阅佛藏，涉猎《华严》《法华》《涅槃》诸经，义解渐深，卒未窥其究竟，及囚系上海，三岁不觌，专修慈氏、世亲之书。此一术也，以分析名相始，以排遣名相终。从入之途，与平生朴学相似；易于契机。解此以还，乃达大乘深趣。私谓释迦玄言出过晚周诸子不可计数，程朱以下，尤不足论。既出狱，东走日本……旁览彼土所译希腊、德意志哲人之书，时有概述邬彼尼沙陀及吠檀多哲学者，言不能详。因从印度学士咨问。梵土大乘已亡，胜论、数论传习已少；惟吠檀多哲学，今所盛行。其所称述，多在常闻之外。以是数者，格以大乘，霍然察其利病，识其流变。……却后为诸生说《庄子》，问以郭义，敷释多不惬心；旦夕比度，遂有所得。端居深观而释《齐物》，乃与《瑜珈》《华严》相会。所谓‘摩尼现光，随见异色，因陀帝纲，摄入无碍’；独有庄生明之，而今始探其妙。千载之秘，睹于一曙。次及荀卿、墨翟，莫不抽其微言。以为仲尼之功，贤于尧舜，其玄远终不敢望老庄矣。癸甲之际，厄于龙泉，始玩爻象，重籀《论语》，明作易之忧患，在于生生；生道济生，而生终不可济，饮食兴讼，旋复无穷；故惟文王为知忧患，惟孔子为知文王。《论语》所说，理关盛衰，赵普称半部治天下，非尽唐大无验之谈。又以庄证孔，而耳顺、绝四之指，居然可明，知其阶位卓绝，诚非功济生民而已，至于程、朱、陆、王诸儒，终未足以厌望。顷来重绎庄书，眇览《齐物》，芒刃不顿，而节族有间。凡古近政俗之消息，社会都野之情状，华梵圣哲之义谛，东西学人之所说，拘者执著而鲜通，短者执中而居间；卒之鲁莽灭裂，而调和之效，终未可睹。……余则操齐物以解纷，明天倪以为量，割制大理，莫不孙顺。程、朱、陆、王之俦，盖与王弼、蔡谟、孙绰、李充伯仲；今若窥其内心，通其名相，虽不见全象，而谓其所见之非象则过矣。世故有疏通知远，好为玄谈者；亦有文理密察，实事求是者；及夫主静居敬，皆足澄心；欲当为理，宜于宰世。苟外能利物，内以遣忧，亦各从其志尔。汉宋争执，焉用调人？喻以四民，各勤其业，瑕衅何为而不息乎？下至天教，执耶和华为造物主，可谓迷妄，然格以天倪，所误特在体相；其由果寻因之念，固未误也。诸如此类，不可尽说。执著之见，不离天倪，和以天倪，则妄自破而纷亦解。所谓‘无物不然，无物不可’；岂专为圆滑，无所裁量者乎？自揣生平学术，始则转俗成真，终乃回真向俗。”（《菿汉微言》末节）他在哲学上的主张，说得很明白了。

他对于佛教各宗，除密宗、净土宗外，虽皆所不弃，而所注重的是法相。与铁铮书：“支那德教，虽各殊途，而根原所在，悉归于一，曰‘依自不依他’耳。上自孔子，至于孟荀，性善性恶，互相阋讼。讫宋世则有程朱。与程朱立异者，复有陆王。与陆王立异者，复有颜李。虽虚实不同，拘通异状；而自贵其心，不以鬼神为奥主，一也。佛教行于中国，宗派十数；而禅宗为盛者，即以自贵其心，不援鬼神，与中国心理相合。故仆于佛教，独净土、秘密二宗，有所不取；以其近于祈祷，猥自卑屈，与勇猛无畏之心相左耳。虽然，禅宗诚斩截矣，而末流沿习，徒习机锋；其高者止于坚定，无所依傍，顾于惟心胜义或不了解，得其事而遗其理，是不能无缺憾。是故推见本原，则以法相为其根核。法相禅宗，本非异趣。达摩初至，即以《楞伽》传授。惜其后惟学《金刚般若》，而于法相渐疏，惟永明略有此意。今欲返古复始，则《楞伽》七卷，正为二宗之通邮。……然仆所以独尊法相者，则自有说。盖近世学术渐趋实事求是之涂。自汉学诸公，分条析理，远非明儒所企及。逮科学萌芽，而用心益复缜密矣。是故法相之学，于明代则不宜；于近代则甚适；由学术所趋然也。”他本来深于诂言之学，又治唯识；所以很重名学。作《原名》，用唯识来解释荀子正名与墨经；又用因明与墨经及西洋名学相比较，说：“大秦与墨子者，其量皆先喻体，后宗。先喻体者，无所容喻依，斯其短于因明。”章氏的哲学，以唯识为基础，以齐物论为作用，所以他不赞成单面乐观的进化论，唱“俱分进化论”。说：“进化之所以为进化者，非由一方直进，而必由双方并进，专举一方，惟言智识进化可耳。若以道德言，则善亦进化，恶亦进化。若以生计言，则乐亦进化，苦亦进化。”

章氏说：“仁为恻隐，我爱所推，义为羞恶，我慢所变。”（《葑汉微言》）又说：“有我爱，故贪无厌；有我慢，故求必胜于人。”（《国故论衡·辨性上》）承认我爱我慢，都有美恶两面。但因为我慢是西洋学者所不注意的，所以特别提出，说：“希腊学者括人心之所好，而立真善美三，斯实至陋之论。人皆著我，则皆以为我胜于他，而好胜之念，现之为争。”（《文录》五《五无论》）所以他的《辨性》篇虽然说：“孟、荀二家，皆以意根为性；意根，一实也，爱慢悉备，然其用之异形，一以为善，一以为恶，皆韪也。”但《五无论》又说：“性善之说，不可坚信。人心奴争，根于我见。”他所以取荀卿、韩非。

他说：“圆成实自性之当立。”“偏计所执性之当遣。”“有智者所忍可。”“惟依他起自性，介有与非有之间，识之殊非易易。自来哲学宗教诸师其果于建立本体者……于非有中起增益执。……其果于遮遣空名者……于幻有中起损减执。……此二种边执之所以起者，何也？由不识依他起自性而然也。”他用这个标准，来提倡第一义，所以说：“欲建立宗教者，不得于万有之中，而计其一为神；亦不得于万有之上，而虚拟其一为神。”又说：“今之立教，惟以自识为宗。识者云何？真如即是。惟识实性，所谓圆成实也，而此圆成实者，太冲无象，欲求趋实，不得不赖依他。逮其证得圆成，则依他亦自除遣。”（《建立宗教论》）所以他又有《人无我论》《五无论（无政府，无聚落，无人类，无众生，无世界）》。（以上均见《文录》第四。）

但是他以齐物论为作用，又时取“随颇有边”之法。看国内基督教会的流布，在日本时，见彼方学者稗贩欧化的无聊，所以发矫枉的议论。如无神论、国家论、四惑论（一、公理，二、进化，三、惟物，四、自然）等。他说：“佛家既言惟识，而又力言无我；是故惟物之说有时亦为佛家所采。……其以物为方便，而不以神为方便者，何也？惟物之说，犹近平等。惟神之说，则与平等绝远也。”（《文录》四）所以他作无神论。他又以执名的比执相为劣。所以说：“世之恒言，知相知名者谓之智；独知相者谓之愚。蠕生之人，五识于五尘，犹是也；以不知名故，意识鲜通于法。然诸有文教者，则执名以起愚，彼蠕生者犹舍是。一曰征神教……二曰征学术……三曰征法论……四曰征位号……五曰征礼俗……六曰征书契……”（《国故论衡·辨性下》）他又说：“天下无纯粹自由，亦无纯粹不自由。”“自利性与社会性，殊而一。”（《读佛典杂记》）都是破执著的。

他又作《订孔》《道本》《道微》《原墨》《通程》《议王》《正颜》等（均见《检论》），都可当哲学史的材料。他说王守仁是“剀切”，不是“玄远”。说颜元“所学务得皮肤，而总揽之用微”。都是卓见。他那《菿汉微言》的上半卷，用“唯识”证明《易》《论语》《孟子》《庄子》的玄言，也都很有理致，不是随意附会的。

凡一时期的哲学，常是前一时期的反动，或是再前一时期的复活，或是前几个时期的综合，所以哲学史是哲学界重要的工具。这五十年中，没有人翻译过一部西洋哲学史，也没有人用新的眼光来著一部中国哲学史，这就是这时期中哲学还没有发展的证候。直到距今四年前，绩溪胡适把他在北京大学所讲的《中国哲学史大纲》上卷，刊布出来，算是第一部新的哲学史。胡氏用他实验哲学的眼光，来叙述批评秦以前的哲学家，最注重的是各家的辩证法，这正是从前读先秦哲学书者所最不注意的。而且他那全卷有系统的叙述，也是从前所没有的。

胡氏又著有《墨子哲学》与《墨子小取篇新诂》，全是证明墨子的辩证法的。同时新会梁启超著《墨子学案》一部，也是墨家论理学占重要部分。

照上文所叙的看起来，我们介绍西洋哲学，整理固有哲学，都是最近三十年间的事业。成绩也不过是这一点。要做到与古人翻译佛典，发挥理学的一样灿烂，应当什么样努力？还想到当这个时代，对于我们整理固有哲学的要求，不但国内，就是西洋学者，也有这种表示。杜威在民国九年北京大学开学式的演说，提出媒合东西文化问题。又在北京大学哲学研究会说："西方哲学偏于自然的研究，东方哲学偏于人事的研究，希望调剂和合。"（《东西文化及其哲学》二三〇页）中国学者到欧美去游历，总有人向他表示愿意知道中国文化的诚意。因为西洋人对于他们自己的文化，渐渐儿有点不足的感想，所以想研究东方文化，做个参考品。最近梁漱溟发布了一部《东西文化及其哲学》，是他深研这个问题以后的报告。他对东西文化之差别，下个结论道：“西方文化，是以意欲向前要求为其根本精神的；中国文化，是以意欲自为调和持中为其根本精神的；印度文化，是以意欲反身向后要求为其根本精神的。”又对于三方面的人生哲学，下个结论道：“西洋生活，是直觉运用理智的；中国生活，是理智运用直觉的；印度生活，是理智运用现量的。”他是断定这三种不同的文化，是不能融合的，“最妙是随问题转移而变其态度。”他说“西洋文化的胜利，只在其适应人类目前的问题。而中国文化，印度文化，在今日的失败……就在不合时宜罢了。……第一路走到今日，病痛百出；今世人都想抛弃他，而走这第二路。……中国文化复兴之后，将继之以印度文化。于是古文明之希腊、中国、印度三派，竟于三期间次第重现一遭。”他又决定我们中国人现在应持态度，道：“第一，要排斥印度的态度，丝毫不能容留。第二，对于西方文化，是全盘承受。……第三，批评的把中国原来态度重新拿出来。”

文化问题，当然不但是哲学问题，但哲学是文化的中坚。梁氏所提出的，确是现今哲学界最重大的问题；而且中国人是处在最适宜于解决这个问题的地位。我们要想解决他，是要把三方面的哲学史细细检察，这三种民族的哲学思想，是否绝对的不能并行？是否绝对的不能融合？梁氏所下的几条结论，当然是他一个人一时的假定，引起我们大家研究的兴趣的。我所以介绍此书，就作为我这篇《五十年来中国之哲学》的末节。

据申报馆:《最近之五十年》，
1923 年 12 月出版。

怎样研究哲学

我们要研究哲学，不能不先考一考哲学的范围。哲学是宗教上分出来的，宗教最盛的时候，把自然现象及人类行为，都加以武断的说明，只许信仰，不许怀疑，后来有怀疑的出来，以对于宗教作半脱离或全脱离的态度，试为不必尽同于宗教的说明，这是哲学的开始。哲学的开始时候，把解释自然现象与人类行为的责任，统统担负起来，如希腊的雅里士多得[①]、英国的培根，都是如此，这是哲学范围最广的时候。后来解说自然现象的科学渐渐成立了，如物理、化学、地质、天文、动物、植物等等，于是哲学的范围缩小一部分了。后来解释人类行为的科学，如历史、社会、语言、政治、法律等等，也渐渐成立了，于是哲学范围又缩小一部分了。最后心理学以

① 雅里士多得：即亚里士多德。

应用实验方法而成为独立的科学，教育学、美学跟着起来，也有成为实验科学的趋势，伦理学也试用归纳法，于是哲学的范围乃更小了。

哲学的范围，虽因科学的成立，而渐次缩小，然哲学与科学的关系，乃日益密切。盖科学建设的初期，虽局于微小的测验与比较，而发展以后，积理日多，欲构成一贯的理论，就往往涉及哲学领域。是以有一科的哲学，如数理哲学、法律哲学。有综合自然科学的哲学，如自然哲学是。有综合自然科学与社会科学而构成系统的，如斯宾塞尔的综合哲学、孔德的实验哲学是。至于纯粹的玄学家，似乎超科学的，然而以直观建设玄学的柏格逊[①]，虽屡言偏重理知的流弊，而他所引用的例证，还是取资于科学，这可见哲学与科学的密接了。

至于研究哲学的开始，照叶青先生说的，先读哲学概论与哲学史，是最好的。读了这类书以后，于哲学大概与从前哲学家的派别，都知道一点了。若觉得有一派特别可喜的，就可搜罗这一派的书详细阅读；若觉得没有一派满意的，可取再详细一点的哲学史再看，或者可以引起兴趣。至于研究的范围，亦不必太拘泥，若本来有一种科学的特长的，就可从此入手。如

① 柏格逊：即柏格森。

达尔文从生物学进行，罗素从数学进行是。若对于各科学，本没有特别嗜好，而就从哲学上进行，也可分“博”“约”两种，“博”的是各方面都顾到的，如翁特著有《论理学》《伦理学》《心理学》，及《其他民族心理》《哲学入门》等书，阿亭著有纯粹论知的《名学》，纯粹意志的《伦理学》，纯粹感情的《美学》等。“约”的是偏于一方面，如洛克的偏于认识论，克洛绥的偏于美学等。总之，研究的对象，全可自由决定，并不受何等拘束的。

据《文化建设》第1卷第8期，

1935年5月10日出版。

孔子之精神生活

精神生活，是与物质生活对待的名词，孔子尚中庸，并没有绝对的排斥物质生活，如墨子以自苦为极，如佛教的一切惟心造；例如《论语》所记“失饪不食，不时不食”“狐貉之厚以居”，谓“卫公子荆善居室”“从大夫之后，不可以徒行”，对衣食住行，大抵持一种素富贵行乎富贵，素贫贱行乎贫贱的态度。但使物质生活与精神生活在不可兼得的时候，孔子一定偏重精神方面；例如孔子说：“饭疏食，饮水，曲肱而枕之，乐亦在其中矣；不义而富且贵，于我如浮云。”可见他的精神生活，是决不为物质所摇动的。今请把他的精神生活分三方面来观察：

第一，在智的方面。孔子是一个爱智的人，尝说：“盖有不知而作之者，我无足也；多闻，择其善者而从之，多见而识之。”又说：“多闻阙疑”“多见阙殆”，又说：“知之为知之，不知为不知，是知也。”可见他的爱智，是毫不含糊，决非强不知为知的。他教子弟通礼、乐、射、御、书、数的六艺，又为分设德行、言语、政事、文学四科，彼劝人学诗，在心理上指出“兴”“观”“群”“怨”，在伦理上指出“事父”“事君”，在生物上指出“多识于鸟兽草木之名”。（例如《国语》说孔子识肃慎氏之石，防风氏骨节，是考古学；《家语》说孔子知萍实，知商羊，是生物学；但都不甚可信。）可以见知力范围的广大至于知力的最高点，是道，就是最后的目的，所以说：“朝闻道，夕死可矣。”这是何等的高尚！

第二，在仁的方面。从亲爱起点，“泛爱众，而亲仁”，便是仁的出发点。他的进行的方法用恕字，消极的是“己所不欲，勿施于人”；积极的是“己欲立而立人，己欲达而达人”。他的普遍的要求，是“君子无终食之间违仁，造次必于是，颠沛必于是”。他的最高点，是“伯夷、叔齐，古之贤人也，求仁而得仁，又何怨”“志士仁人，无求生以害仁，有杀人〈身〉以成仁”。这是何等伟大！

第三，在勇的方面。消极的以见义不为为无勇；积极的以童汪锜能执干戈卫社稷可无殇。但孔子对于勇，却不同仁、智的无限推进，而是加以节制。例如说：“小不忍则乱大谋。”“一朝之忿，忘其身以及其亲，非惑欤？”“好勇不好学，其蔽也乱。”“君子有勇而无义为乱，小人有勇而无义为盗。”“暴虎冯河，死而无悔者，吾不与焉，必也临事而惧，好谋而成者也。”这又是何等谨慎！

孔子的精神生活，除上列三方面观察外，尚有两特点：一是毫无宗教的迷信；二是利用美术的陶养。孔子也言天，也言命，照孟子的解释，莫之为而为是天，莫之致而至是命，等于数学上的未知数，毫无宗教的气味。凡宗教不是多神，便是一神；孔子不语神，敬鬼神而远之，说“未能事人，焉能事鬼”，完全置鬼神于存而不论之列。凡宗教总有一种死后的世界；孔子说：“未知生，焉知死？”“之死而致死之，不仁而不可为也；之死而致生之，不知而不可为也。”毫不能用天堂地狱等说来附会也。凡宗教总有一种祈祷的效验，孔子说，“丘之祷久矣”“获罪于天，无所祷也”，毫不觉得祈祷的必要。所以孔子的精神上，毫无宗教的分子。

孔子的时代，建筑、雕刻、图画等美术虽然有一点萌芽，还算是实用与装饰的工具，而不信为独立的美术；那时候认为纯粹美术的是音乐。孔子以乐为六艺之一，在齐闻韶，三月不知肉味。谓：“韶尽美矣，又尽善也。”对于音乐的美感，是后人所不及的。

孔子所处的环境与二千年后的今日，很有差别；我们不能说孔子的语言，到今日还是句句有价值，也不敢说孔子的行为，到今日还是样样可以做模范。但是抽象的提出他精神生活的概略，以智、仁、勇为范围，无宗教的迷信而有音乐的陶养，这是完全可以为师法的。

第二部分　美学

美学的进化[①]

我已经讲过美术的进化了，但我们不是稍稍懂得一点美学，决不能知道美术的底蕴，我所以想讲讲美学。今日先讲美学的进化。

我们知道，不论哪种学问，都是先有术后有学，先有零星片段的学理，后有条理整齐的科学。例如上古既有烹饪，便是化学的起点。后来有药方，有炼丹法，化学的事实与理论，也陆续的发布了。直到十八世纪，始成立科学。美学的萌芽，也是很早。中国的《乐记》《考工记·梓人》篇等，已经有极精的理论。后来如《文心雕龙》，各种诗话，各种评论书画古董

① 1920年秋，蔡元培在湖南作过几次讲演，演说词记录稿曾刊载于当时的长沙各报。1921年初，他在赴欧美考察教育途中，将这些记录稿加以修改，寄回北大，在《北京大学日刊》上陆续发表，此篇是他在湖南第9场讲演的演说词。

的书，都是与美学有关。但没有人能综合各方面的理论，有系统的组织起来，所以至今还没有建设美学。

在欧洲古代，也是这样。希腊的大哲学家，如柏拉图、雅里士多德①等，都有关于美学的名言。柏氏所言，多关于美的性质；雅氏更进而详论各种美术的性质。柏氏于美术上提出“模仿自然”的一条例，后来赞成他的很多。到近来觉得最高的美术，尚须修正自然，不能专说模仿了。雅氏对于美术，提出“复杂而统一”一条例，至今尚颠扑不破。譬如我在这个黑板上画一个圆圈，是统一的，但不觉得美，因为太简单。又譬如我左边画几个人，右边画个动物，中间画些山水、房屋、花木等类，是复杂的；但也不觉得美，因为彼此不相连贯，没有统系，就是不统一。所以既要复杂，又要统一，确是美术的公例。

罗马时代的文学家、雄辩家、建筑家，关于他的专门技术，间有著作。到文艺中兴时代，文喜②（Leonardo da Vince）、埃尔倍西③（Leone Battiota Alberti）、佘尼尼④（Cenino Cennine）等美术家，尤注意于建筑与图画的理论。那时候科

---

① 雅里士多德：即亚里士多德。

② 文喜：意大利画家、雕塑家、建筑师、科学家，今译达·芬奇。

③ 埃尔倍西：意大利建筑师、建筑理论家，今译阿尔贝蒂·利昂纳·巴蒂斯塔。

④ 佘尼尼：意大利画家、雕塑师、美术理论家，今译切尼尼。

学还不很发达，不能大有成就。十七世纪，法国的诗人，有点新的见解。其中如波埃罗[①]（Borlean－Despeaux）于所著《诗法》中提出“美不外乎真”的主义，很震动一时。用学理来分析美的原素，为美学先驱的，要推十七、十八世纪的英国经验派心理学家。他们知道美的赏鉴，是属于感情与想象力的。美的判断，不专是认识的。而且美的感情，也与别种感情有不同的点。[②]（Hume）说美的快感，是超脱的；与道德的实用的感情不同。又如褒尔克[③]（Burke）研究美感的种类，说“美”是一见就生快感的；这是与人类合群的冲动有关。“高”初见便觉不快，仿佛是危险的；这是与人类自存的冲动有关。但后来仍有快感，因知道这是我们观察中的假象。都是美学家最注意的问题。

以上所举的哲学家，虽然有美学的理论，但都附属在哲学的或美术的著作中。不但没有专门美学的书，还没有美学的专名，与中国一样。直到一七五〇年，德国鲍格登[④]（Alexander

---

① 波埃罗：法国著名诗人、美学家、文艺批评家，被称为古典主义的立法者和发言人，今译布瓦洛。

② 呵末：即休谟。

③ 褒尔克：爱尔兰政治理论家、哲学家，今译伯克。

④ 鲍格登：即鲍姆加登。

Baumgarten）著《爱斯推替克》（*Aesthetica*）一书，专论美感。“爱斯推替克”一字，在希腊文本是感觉的意义；经鲍氏著书后，就成美学专名；各国的学者都沿用了。这是美学上第一新纪元。

鲍氏以后，于美学上有重要关系的，是康德（Kant）的著作。康德的哲学，是批评论。他著《纯粹理性批评》，评定人类和知识的性质。又著《实践理性批评》，评定人类意志的性质。前的说现象界的必然性，后的说本体界的自由性。这两种性质怎么能调和呢？依康德见解，人类的感情是有普遍的自由性，有结合纯粹理性与实践理性的作用。由快不快的感情起美不美的判断，所以他又著《判断力批评》一书。书中分《究竟论》《美论》二部，《美论》上说明美的快感是超脱的，与呵末同。他说官能上适与不适、实用上良与不良、道德上善与不善，都是用一个目的作标准。美感是没有目的，不过主观上认为有合目的性，所以超脱。因为超脱，与个人的利害没有关系，所以普遍。他分析美与高的性质，也比褒尔克进一步。他说高有大与强二种，起初感为不快，因自感小弱的原故。后来渐渐消去小弱的见，自觉与至大至强为一体，自然转为快感了。他的重要的主张，就是无论美与高，完全属于主观，完全由主观上想象力与认识力的调和，与经验上的客观无涉。所以必然而且普遍，与数学一样。自康德此书出后，美学遂于哲学中占重要地位；哲学的美学由此成立。

绍述康德的理论，又加以发展的，是文学家希洛[①]（Schiller）。他所主张的有三点：一、美是假象，不是实物，与游戏的冲动一致。二、美是全在形式的。三、美是复杂而又统一的，就是没有目的而有合目的性的形式。

以后盛行的，是理想派哲学家的美学。其中最著名的：如隋林[②]（Schelling）的哲学，谓自然与精神，同出于绝对的本体。本体是平等的，无限的；但我们所生活的现象世界是差别的，有限的。要在观象世界中体认绝对世界，惟有观照。知的观照，属于哲学；美的观照，属于艺术。哲学用真理导人，但被导的终居少数；艺术可以使人人都观照绝对。隋氏的哲学，是抽象一元论。所以他独尊抽象，说具象美不过是抽象美的映象。

后来黑格尔（Hegel）不满意于隋林的抽象观念论，所以设具象观念论。他说美是在感觉上表现的理想。理想从知性方面抽象的认识，是真；若从感觉方面具象的表现，是美。表现

---

① 希洛：即席勒。

② 隋林：即谢林。

的作用愈自由，美的程度愈高。最幼稚的是符号主义，如古代埃及、叙利亚、印度等艺术，是精神受自然压制，心能用一种符号表示不明了的理想。进一步是古典主义，如希腊人对于自然，能维持精神的独立；他们的艺术，是自然与精神的调和。又进一步，是浪漫主义，如中世纪基督教的美术，是完全用精神支配自然。

与黑氏同时有叔本华（Schopenhauer），他是说世界的本体，是盲目的意志。人类在现象世界，因有欲求，所以常感苦痛。要去此苦痛，惟有回向盲目的本体。回向的作用，就是赏鉴艺术。叔氏分艺术为四等：第一是高的，第二是美的，第三是美而有刺激性的，第四是丑的。

理想派的美学，多注重内容，于是有绍述康德偏重形式的一派。创于海伯脱[①]（Herbart），大成于齐末曼[②]（Kimmermann）。齐氏所定的三例：一、简平的对象，不能起美学的快感与不快感。二、复合的对象，有美学的快感与不快感。但从形式上起来。三、形式以外的部分（如材料等）全无关系。

由形式论转为感情论的是克尔门[③]（Kirchmann），他说美

---

① 海伯脱：即赫尔巴特。

② 齐末曼：奥地利哲学家，今译齐默尔曼。

③ 克尔门：德国美学家，今译基尔希曼。

是一种想体，就是实体的形象；但这实体必要有感兴的，且取他形象时，必要经理想化，可以起人纯粹的感兴。

把哲学的美学集大成的，是哈脱门[①]（Hartmann）的美的哲学。哈氏说理想的自身，并不就是美；理想的内容表现为感觉上的假象，才是美。这个假象，是完全具象的。若理想的内容，不能完全表现为假象，就减少了美的程度。愈是具象的，就愈美。所以哈氏分美为七等，由抽象进于具象：第一是官能快感，第二是量美，第三是力美，第四是工艺品，第五是生物，第六是族性，第七是个性。

从鲍格登到哈脱门，都是哲学的美学，都是用演绎法的。哈氏的美的哲学，在一八八七年出版，前十七年即一八七一年，费希耐[②]（Gustav Thecdor Fechner）发布一本小书，叫作《实验美学》（*Zur Experimentalen Ästhetik*）。及一八七六年又发布一书，叫他《美学的预科》[③]（*Vorschule der Ästhetik*），他是主张用归纳法治美学，建设科学的美学；这是美学上第二新纪元。费氏的归纳法，用三种方法，考验量美。一、选择法：用各种不同的长方形，令人选取最美观的。二、装置

① 哈脱门：德国哲学家、美学家，今译哈特曼。

② 费希耐：即费希纳。

③《美学的预科》：蔡元培后来将此书译为《美学的预备》。

法：用硬纸两条，令人排成十字架，看他横条置在纵条那一点。三、用具观察法：把普通人日常应用品物，如信笺、信封、糖匣、烟盒、画幅等，并如建筑上门、窗等，都量度他纵横两面长度的比例，求得最大多数的比例是什么样。前两法的结果，是大多数人所选择或装置的，都与崔新[①]（Adolf Zeising）所发见的截金法相合；就是三与五、五与八、八与十三等比例。但是第三种的结果费氏却没有报告。

费氏以后，从事实验的，如惠铁梅[②]（Witmer）、射加尔[③]（Segal）等用量美；伯开（Baker）、马育（Major）等用色彩；摩曼[④]（Meumann）、爱铁林该（Ettlinger）等用声音；孟登堡[⑤]（Munstenberg）、沛斯[⑥]（Piorce）等用各种简单线的排列法。都有良好的结果；但都是偏于一方面的。又最新的美学家，如康德派的科恩[⑦]（Cohn），黑格尔

---

① 崔新：德国数学家，今译蔡辛。
② 惠铁梅：德国心理学家，今译韦特海默。
③ 射加尔：美国心理学家，今译西格尔。
④ 摩曼：德国实验心理学家，今译梅伊曼。
⑤ 孟登堡：美国心理学家，今译孟斯特伯格。
⑥ 沛斯：即皮尔斯。
⑦ 科恩：德国哲学家，新康德派的代表人物。

派的维绥[1]（Vischer），注重感情移入主义的栗丕斯[2]（Th. Lipps）、富开尔[3]（Volkelt），英国证明游戏冲动说的斯宾塞尔（Spencer），法国反对超脱主义的纪约（Guyau）等，所著美学，也多采用科学方法，但是立足点仍在哲学。所以科学的美学，至今还没完全成立。摩曼于一九〇八年发布《现代美学绪论》，又于一九一四年发布《美学的系统》，虽然都是小册，但对于美学上很有重要的贡献。他说建设科学的美学，要分四方面研究：（一）艺术家的动机，（二）赏鉴家的心理，（三）美术的科学，（四）美的文化。若照此计划进行，科学的美学当然可以成立了。

据《北京大学日刊》第811号（1921年2月19日出版），并参阅蔡元培手稿。

① 维绥：德国美学家，今译费肖尔。
② 栗丕斯：德国心理学家、美学家，今译立普斯。
③ 富开尔：德国哲学家，今译弗尔凯特。

美学的研究法[①]

摩曼氏主张由四方面研究美学，我前次已经讲到了。但什么样研究呢，再详细点讲一讲。

实验美学，是从实验心理学产生的，所以近来实验的结果，为偏于赏鉴家的心理。又因美术的理论，古代早已萌芽，所以近来专门研究美术，要组织美术科学的也颇多。一是偏于主观的，一是偏于客观的，我们要从主客共通的方面作出发点，就是美术家。他所造的美术是客观的；他要造那一种的美术的动机是主观的。我们现在先从美术家的方面来研究，约有六种方法：

第一，搜集美术家对于自己著作的说明。《庄子·天下》篇、《太史公自序》，都是说明著书的大恉。书画家与人的尺

① 此篇为蔡元培在湖南的第11场讲演修改稿，曾发表于《绘学杂志》第3期。

牍，画家自己的题词，多有自己说明作意的。欧洲从文艺中兴时代到今日，文学家、美术家，此类著作很多。

第二，询问法。是从美术品中，指出几个重要点，问原著的美术家。摩曼曾与李曼[①]（Hugo Riemann）等用此法询问各音乐家；当然可以应用于他种美术。

第三，搜集美术家传记。如《史记》的《屈原传》《司马相如传》，各史的《文苑传》，《元史》的《工艺传》《书史会要》《画史会要》《画徵录》《印人传》等书，文集中文学家、书画家传志，后人所作文学家年谱，都是这一类的材料。

第四，美术家心境录。是从美术家的作品上，推求他心理上偏重处。或偏于观照，或偏于思索，或偏于意境，或偏于技巧。文学的研究，有比较用词多寡的，如莎士比亚集中，用词至一万五千，弥尔敦[②]集中所用的，止超过他的半数。中国名人的诗集，多有详注，很可以求出统计的材料。

第五，美术家病理录，这是意大利一个病理学家龙伯罗梭[③]（Lombroso）提出来的，很可以作心境录的参证。欧洲

---

① 李曼：德国音乐学家，今译黎曼。

② 弥尔敦：英国文学家，今译弥尔顿。

③ 龙伯罗梭：意大利犯罪学家、精神病学家、刑事人类学派创始人，今译龙勃罗梭，又译隆布罗索。

文学家如卢梭、尼采等，平时都有病的状态。法国的蒙派松①（Maupassant）死的前一年，竟至病狂。近来都有人研究他们的病理。中国如徐渭、金喟等，也是这一类。

第六，实验法。这是用同一对象，请多数美术家制作，可以看出各人的偏重点。譬如几个文人同作一个人的传状，几个诗人同赋一处古迹，几个画家同画一时景物，必定各各不同。

美术家既需天才，又需学力，天才不高的人，或虽有天才、没有练习美术的机会，都不能成为美术家。但美感是人人同具的。平常人虽然不是美术家，却没有不知道赏鉴美术的。不过赏鉴的程度，高低深浅，种种不同，我们要研究赏鉴家的心理，就比美术家方面的范围广得多了。大约用六种方法：

第一，选择法。这是费希耐用过的，但费氏止用在简单的量美上，我们不必以长方形纵横方面长广的此为限。可以用各种形式，如三角形、多边形、圆形、椭圆形等，可用几种形式毗连的配置，可用色彩的映带，声音的连续，可用不同派的图画与雕刻，可用文学家的著作。

第二，装置法。这也是费氏用过的，但我们亦不必以十字

① 蒙派松：法国作家，今译莫泊桑。

架为限。可用各种形式不同、色彩不同的片段，凑成最合意的形象，如孩童玩具中，用木块、或砖块叠成宫室的样子，也可用多字集成句子，如文人斗诗牌、或集碑字成楹联的样子。

第三，用具观察法。这也是费氏用过的，但我们不必以长方形及量美为限。可用于各种用具的形状、颜色及姿势。可用于装饰品。可用于地摊上的花纸，可用于最流行的小说或曲本，可用于最流行的戏剧。

第四，表示法。这是用一种对象给人刺激，用极快的摄影，看他面貌有何表现，姿态有无改变；或用一种传动与速记的机械，看他的呼吸与脉搏有何等变动；这都是从感情的表示上，用作统计的材料的。始马汀（Martin）女士曾用滑稽画试验。苏尔此[①]（Schalze）教授曾用二十种不同的图画试验学生，都用此法。

第五，瞬间试验法。因有一派美学家说美感全由“感情移入”而起；枯尔伯（Kalpe）与戈尔东（Gordon）特用一种美的印象，用极短的时间，刺激受验的人，令他判断，看感情不及移入时，有无快感。

第六，间断试验法。因人类对于美术，随时间短长，所

① 苏尔此：美国心理学家，今译舒尔茨。

感受的状况不同；所以德若埃（Desoie）用此法来试验。如给他看一幅图画，或十秒钟时，或二十秒、三十秒时，即遮住了，问他："所见的是什么？觉得怎么样？有什么想象？"继续的这样试验下去，就可以看出美感的内容与时间很有关系。或念一首诗，念而忽停，停而忽念，问他觉得怎么样。这种试验的结果，知道形象的美术，起初只看到颜色与形色；音乐，止听到节奏与强度。其次，始接触到内容。又其次，始见到表示内容的种类。又其次，始参入个人的联想。

人的美感，常因自然景物而起，如山水，如云月，如花草，如虫鸟的鸣声，不但文学家描写得很多，就是普通人，也都有赏玩的习惯。但多数美学家，总是用美术作主要的对象。观念论的黑智尔[①]，与自然论的郎萃（Langl），虽然主义相反，但对于偏重美术的意见，完全相同。黑氏的意思：美是观念的显示，这种观念，不是在偶发的、不纯的实物上轻易可以得到的。郎氏的意思：美术都是摹拟自然的，美术的赏玩，是从摹拟上得到一种幻想；在所摹拟的实物上，就没有这种幻想了。维泰绥克（Witask）说："我们在自然界接触大与强的印象，如大海的无涯，雷雨的横暴，都杂有非美学

① 黑智尔：即黑格尔。

的分子。就是纯粹的美景，也有两种美术上的关系：（一）片段的，如霞彩，如山势，如树状等，与美术上单纯的印象、色彩、形式一样。（二）统一的，如风景可摄影、可入画的，我们也已经用美术的条件印证一过，已经看作美术品了。”为这个缘故，所以美学上专从美术行品研究，可以包括自然的美。研究美术，有十种方法：

第一，材料的区别。美术家著作，不能不受材料的限制。建筑雕刻上，木材与石材不同。幼稚的石柱、石像，有留存木柱、木像痕迹的，就觉得不美。中国的图画，在纸上、绢上，止能用水彩；外国的油画，在麻布上，止能用油彩。不能用一种眼光去评定他。其他种种不同材料的美术，可以类推。

第二，技能的鉴别，同一对象，画的有工有拙，同一曲谱，奏的也有工有拙，这都是技能上的关系。又如全体都工，或有一二点不相称的，是技能不圆到。不是知道这一种美术应具的技能，往往看不出来。

第三，意境的鉴别。同是很工的美术，还有高下、雅俗的区别，这是因为意境不同。美术上往往有“因难见巧”的一派，如纤细的刻镂，一象牙球，内分几层，都是刻得剔透玲珑的；或一斜塔，故意把重心置在一边，看是将倒，而永不会倒的。又如文学上的回文诗、和词、步韵、集字、集句等类。虽然极工，不能算很高的美术，就是为他意境不高。又如高等的美术，不为俗眼所赏，大半是意境不易了悟的缘故。

第四，分门的研究。如诗话是研究诗的；书谱、论画等，是专门研究书法或图画的。外国研究美术的，或专研建筑，或专研音乐，也是这样。

第五，断代的研究。如《两汉金石记》《南宋院画录》等，以一时代为限。外国研究美术的，或专研希腊时代，或专研文学复古时代，或专研现代，也是这样。

第六，分族的研究。欧洲有专研中国与日本美术的，有专研印度美术的，有专研墨西哥或秘鲁美术的。

第七，溯原。如德人格罗绥[①]（Grosse）与瑞典人希恒[②]（Hirn）都著有《美术的原始》。

第八，进化的观察。西人所著美术史，都用此法。

第九，比较。用异民族的美术互相比较，可以求得美术上公例。如谟德[③]（Muth）比较中国古代与日耳曼古代图案，知道动物图案的进步，有一定的程序。

---

① 格罗绥：德国艺术史家、社会学家，现代艺术社会学奠基人之一，今译格罗塞。

② 希恒：芬兰艺术史家，作者误认为瑞典学者，今译赫恩。

③ 谟德：德国美术史家，今译穆特。

第十，综合的研究。如格罗绥著《美术科学的研究》，司马萃[①]（Schmarsow）著《美术科学的原理》等是。

美术进步，虽偏重个性，但个性不能绝对的自由，终不能不受环境的影响。所以不能不研究美的文化。研究的方法，约有五种：

第一，民族的关系。照人类学与古物学看起来，各种未开化的民族，虽然环境不同，他们那文化总是相类，所以美术也很相近。到一种程度，人类征服自然的能力特别发展，所处的地方不同，就努力不同，因而演成各民族的特性，发生各种不同的文化，就有各种不同的美术。不但中国的文化与欧洲不同，所以两方的美术不同；就是欧洲人里面，拉丁族与偷通族、偷通族与斯拉夫族，文化也不尽同，所以美术也不相同。

第二，时代的关系。一时代有特别的文化，就有一时代的美术。六朝的文辞与两汉的不同，宋人的图画与唐人的不同，就是这个缘故。欧洲也是这样：文艺中兴时代的美术与中古时代的不同，现代的又与中古时代的不同。而且一时代又常常有一种特占势力的美术：如周朝的彝器，六朝的碑版，唐以后的文学。欧洲也是这样：希腊人是雕刻，文艺中兴时代是图

① 司马萃：德国建筑史家，今译施马索夫。

画，现代是文学。

第三，宗教的关系。初民的美术常与魔术宗教有关；即文化的民族，也还不免。如周朝尚祖先教，所以彝器特美。六朝及唐崇尚佛教、道教，所以造像、画像多是佛的名义；建筑中最崇闳的，是佛寺、道观。欧洲中古时代最美的建筑，都是礼拜堂，到文艺中兴时代，还是借宗教故事来画当时的人物。

第四，教育的关系。中国古代教育，礼、乐并重，后来不重乐了，所以音乐不进步。又如图画及瓷器刺绣等，虽有一时代曾著特色，但没有专门教育的机关，所以停滞了。欧洲近代各种美术都有教育机关，所以进步很快。且他们科学的教育，比我们进步，普通的人对于光线、空气、远景的分别，都很注意；所以美术上也成为公则。我们的教育重摹仿古人，重通式，美术也是这样。他们教育上重创造，重发展个性，所以美术上也时创新派，也注重表示个性。

第五，都市美化的关系。每一国中，往往有一、二都市，作一国美术的中心点。然希腊的雅典，意大利的威尼士、弗罗郎斯、罗马，法国的巴黎，德国的明兴等，固然有自然的美，与宗教上、政治上特别提倡等等因缘，但是这些都市上特别的布置，一定也大有影响。现在欧洲各国，对于各都市，都谋美化。如道路与广场的修饰，建筑的变化，美术馆、音乐场的纵人观听；都有促进美术的大作用。我们还没有很注意的。

照上列各种研究法，分门用功，等到材料略告完备了，有人综合起来，就可以建设科学的美学了。

据《北京大学日刊》第812号（1921年2月21日出版），并参阅蔡元培手稿。

美学讲稿[①]

美学是一种成立较迟的科学，而关于美的理论，在古代哲学家的著作上，早已发见。在中国古书中，虽比较的少一点，然如《乐记》之说音乐，《考工记·梓人》篇之说雕刻，实为很精的理论。

《乐记》先说明心理影响于声音，说："其哀心感者，其声噍以杀；其乐心感者，其声啴以缓，其喜心感者，其声发以散；其怒心感者，其声粗以厉；其敬心感者，其声直以廉；其爱心感者，其声和以柔。"又说："治世之音安以乐，其政和；乱世之音怨以怒，其政乖；亡国之音哀以思，其民困。"

① 1921年秋，蔡元培在北京大学讲授《美学》课程，并兼任国立北京高等师范学校教育研究科教授，讲授《美学》课程。是年11月中旬，"因足病进医院停止"，此篇是他的美学讲稿的一部分，原稿未加标题。

次说明声音亦影响于心理，说：“志微噍杀之音作，而民思忧；啴谐慢易繁文简节之音作，而民康乐；粗厉猛起奋末广贲之音作，而民刚毅；廉直劲正庄诚之音作，而民肃敬；宽裕肉好顺成和动之音作，而民慈爱；流辟邪散狄成涤滥之音作，而民淫乱。”

次又说明乐器之影响于心理，说：“钟声铿，铿以立号，号以立横，横以立武，君子听钟声，则思武臣；石声磬，磬以立辨，辨以致死，君子听磬声，则思死封疆之臣；丝声哀，哀以立廉，廉以立志，君子听琴瑟之声，则思志义之臣；竹声滥，滥以立会，会以聚众，君子听竽笙箫管之声，则思畜聚之臣；鼓鼙之声欢，欢以立动，动以进众，君子听鼓鼙之声，则思将帅之臣。”

这些互相关系，虽因未曾一一实验，不能确定为不可易的理论；然而声音与心理有互相影响的作用，这是我们所能公认的。

《考工记》：“梓人为笋虡，……厚唇，弇口，出目，短耳，大胸燿后，大体，短脰，若是者谓之羸属；恒有力而不能走，其声大而宏。有力而不能走，则于任重宜，大声而宏，则于钟宜。若是以为钟虡，是故击其所县，而由其虡鸣。锐喙决吻，数目顅脰，小体骞腹，若是者谓之羽属；恒无力而轻，其声轻阳而远闻，无力而轻，则于任轻宜，其声清阳而远闻，于磬宜；若是者以为磬虡，故击其所县，而由其虡鸣。小首而长，抟身而鸿，若是者谓之鳞属，以为筍。凡攫閷援簭之类，必深其爪，出其目，作其鳞之而。深其爪，出其目，作其鳞之而，则其眡必拨尔而怒；苟拨尔而怒，则于任重宜，且其匪色必似鸣矣。爪不深，目不出，鳞之而不作，则必穨尔如委矣；苟穨尔如委，则加任焉，则必如将废措，其匪色必似不鸣矣。”

这是象征的作用，而且视觉与听觉的关联，幻觉在美学上的价值，都看得很透彻了。

自汉以后，有《文心雕龙》《诗品》、诗话、词话、书谱、画鉴等书，又诗文集、笔记中，亦多有评论诗文书画之作，间亦涉建筑、雕塑与其他工艺美术，亦时有独到的见解；然从未有比较贯串编成系统的。所以我国不但无美学的名目，而且并无美学的雏型。

在欧洲的古代，也是如此。希腊哲学家，如柏拉图、雅里士多德等，已多有关于美术之理论。但至十七世纪，有鲍格登（Bsumgarten）用希腊文“感觉”等名其书，专论美感，以与知识对待，是为“美学”名词之托始。至于康德，始确定美学在哲学上之地位。

康德先作纯粹理性批评，以明知识之限界；次又作实践理性批评，以明道德之自由；终乃作判断力批评，以明判断力在自然限界中之相对的自由，而即以是为结合纯粹理性与实践理性之作用。又于判断力中分为决定的判断与审美的判断，前者属于目的论的范围，后者完全是美学上的见解。

康德对于美的定义，第一是普遍性。盖美的作用，在能起快感；普通感官的快感，多由于质料的接触，故不免为差别的，而美的快感，专起于形式的观照，常认为普遍的。

第二是超脱性。有一种快感，因利益而起；而美的快感，却毫无利益的关系。

他说明优美、壮美的性质，亦较前人为详尽。

自有康德的学说，而在哲学上美与真善有齐等之价值，于是确定；与论理学、伦理学同占重要的地位，遂无疑义。

然在十九世纪，又有费希耐氏，试以科学方法治美学，谓之自下而上的美学，以与往昔自上而下的美学相对待，是谓实验美学。费氏用三种方法，来求美感的公例：一是调查，凡普通门、窗、箱、匣、信笺、信封等物，求其纵横尺度的比较；二是装置、剪纸为纵横两画，令多数人以横画置直画上，成十字，求其所制地位之高下；三是选择，制各种方形，自正方形始，次列各种不同之长方形，令多数人选取之，看何式为最多数。其结果均以合于截金术之比例者为多。

其后，冯德与摩曼继续试验，或对于色，或对于声，或对于文学及较为复杂之美术品，虽亦得有几许之成绩，然问题复杂，欲凭业经实验的条件而建设归纳法的美，时期尚早。所以现在治美学的，尚不能脱离哲学的范围。

费希耐尔于创设前述试验法外，更于所著自下而上的美学中，说明美感的条件有六：第一，美感之阈，心理学上本有意识阈的条件，凡感触太弱的，感官上不生何等影响。美感也是这样，要引起美感的，必要有超乎阈上的印象。例如，微弱的色彩与声音、习见习闻的装饰品，均不足以动人。第二，美的助力，由一种可以引起美感的对象，加以不相反而相成的感印，则美感加强。例如，徒歌与器乐，各有美点，若于歌时以相当的音乐配起来，更增美感。第三，是复杂而统一。这是希腊人已往发见的条件，费氏经观察与试验的结果，也认为重要的条件。统一而太简单，则乏味；复杂而不相联属，则讨厌。第四，真实。不要觉得有自相冲突处，如画有翼的天使，便要是能飞的翼。第五，是明白。对于上面所说的条件，在意识上很明白的现出来。第六，是联想。因对象的形式与色彩，而引起种种记忆中的关系，互相融和。例如，见一个意大利的柑子，形式是圆的，色彩是黄的，这固然是引起美感的了，然而若联想到他的香味，与他在树上时衬着暗绿的叶，并且这树是长在气候很好的地方，那就是增加了不少的美感。若把这个柑子换了一个圆而黄的球，就没有这种联想了。

从费希耐创设实验法以后，继起的不少。

惠铁梅氏（Fightner Witmer）把费氏用过的十字同方形，照差别的大小排列起来，让看的人或就相毗的两个比较，或就列上选择，说出那个觉得美，那个觉得不美。这与费氏的让人随便选择不同了。他的结果，在十字上，两端平均的，不平均而按着截金术的比例的，觉得美；毗连着截金术的比例的，尤其毗连着平均的，觉得不美，觉得是求平均而不得似的。在方形上，是近乎正方形与合于截金术比例的长方形，觉得美；与上两种毗连的觉得不美，而真正的正方形，也是这样。（这是视觉上有错觉的缘故。）

射加尔（Gacob Segal）再退后一步，用最简单的直线来试验，直立的，横置的，各种斜倾的。看的人对于直立的，觉得是自身独立的样子；这对于斜倾的，觉得是滑倒的样子，就引起快与不快的感情，这就是感情移入的关系。

科恩（G. Cohn）在并列的两个小格子上填染两种饱和的

色彩，试验起来，是对称色并列的是觉得美的，并列着类似的色彩是觉得不美的。又把色彩与光度并列，或以种种不同的光度并列，也都是差度愈大的愈觉得美。但据伯开氏（Einma Baker）及基斯曼氏[①]（A. Kirschmann）的修正，近于相对色的并列，较并列真正相对色觉得美一点。依马育氏（Major）及梯比纳氏[②]（Tirchener）的试验，并列着不大饱和的色彩觉得比很饱和的美一点。

韬氏（Thown）与白贝氏（Barber）用各种饱和程度不同的色与光度并列，试验后觉得红蓝等强的色，以种种浓淡程度与种种不同程度的灰色相配，是美的；黄绿等弱的，与各度的灰色并列，是不美的。

摩曼氏（Meumann）把并列而觉为不美的两色中间，选一种适宜的色彩，很窄的参在两色的中间，就觉得美观，这可以叫做媒介色。又就并列而不美的两色中，把一色遮住若干，改为较狭的，也可以改不美为美。

摩曼氏又应用在简单的音节上。在节拍的距离，是以四分之四与四分之三为引起快感的。又推而用之于种种的音与种种

① 基斯曼：即基尔希曼。

② 梯比纳：英国心理学家，今译铁钦纳。

的速度。

雷曼[1]（Alfred Lehmann）用一种表现的方法，就是用一种美感的激刺到受验的人，而验他的呼吸与脉搏的变动。马汀氏（Franlein Martin）用滑稽的图画示人而验他的呼吸的差度。苏尔此（Rudolf Sehulze）用十二幅图画，示一班学生，用照相机摄取他们的面部与身体不等的动状。

以上种种试验法，都是在赏鉴者一方面，然美感所涉，本兼被动、主动两方面。主动方面，即美术家著作的状况。要研究著作状况，也有种种方法。摩曼氏所提出的有七种：

（一）搜集著作家的自述　美术家对于自己的创作，或说明动机，或叙述经过，或指示目的。文学的自序，诗词的题目，图画的题词，多有此类材料。

（二）设问　对于美术家著作的要点，设为问题，征求各美术家的答案，可以补自述之不足。

（三）研究美术家传记　每一个人的特性，境遇，都与他的作品有关。以他一生的事实与他的作品相印证，必有所得。

（四）就美术品而为心理的分析　美术家的心理，各各不同，有偏重视觉的，有偏重听觉的；有偏于具体的事物的，有偏

① 雷曼：丹麦心理学家，今译莱曼。

于抽象的概念的；有乐观的，有厌世的；可就一人的著作而详为分析，作成统计；并可就几人的统计而互相比较。例如格鲁斯与他的学生曾从鞠台[①]（Goethe）、希雷尔[②]（Sehiller）、莎士比亚（Shakespeare）、淮苹内尔[③]（Wagner）等著作中，作这种研究，看出少年的希雷尔，对于视觉上直观的工作，远过于少年的鞠台；而淮苹内尔氏对于复杂的直观印象的工作，亦远过于鞠台。又有人以此法比较诗人用词的单复，看出莎士比亚所用的词，过于一万五千；而密尔顿（Milton）所用，不及其半。这种统计，虽然不过美术家特性的一小部分，然积累起来，就可以窥见他的全体了。

（五）病理上的研究　意大利病理学家龙伯罗梭（Lombroso）曾作一文，叫作《天才与病狂》。狄尔泰（Dilthey）也提出诗人的想象力与神经病。神经病医生瞒毗乌斯[④]（P. g. Mobius）曾对于最大的文学家与哲学家为病理的研究，如鞠台、叔本华、卢梭、绥弗尔[⑤]（Scheffcl）、尼采等，均有病象可指。后

① 鞠台：德国文学家，今译歌德。
② 希雷尔：即席勒。
③ 淮苹内尔：德国音乐家，今译瓦格纳。
④ 瞒毗乌斯：德国精神病学家，今译莫比乌斯。
⑤ 绥弗尔：德国小说家、诗人，今译谢弗尔。

来分别研究的，也很有许多。总之，出类拔萃的天才，他的精力既为偏于一方的发展，自然接近于神经异常的界线。所以病理研究，也是探求特性的一法。

（六）实验　自实验心理进步，有一种各别心理的试验，对于美术家，也可用这种方法来实验。例如，表象的方法，想象的能力对于声音或色彩或形式的记忆力，是否超越常人，是可以试验的。凡图画家与雕像家，常有一种偏立的习惯，或探求个性，务写现实；或抽取通性，表示范畴；我们可以用变换的方法来试验。譬如，第一次用一种对象，是置在可以详细观察的地位，使看的人没有一点不可以看到的，然后请他们描写出来。又一次是置在较远的地位，看的人只可以看到重要的部分，然后请他们描写。那么，我们就可以把各人两次的描写来比较：若是第一次描写得很详细，而第二次描写得粗略，那就是美术家的普通习惯，若是两次都写得很详细，或两次都描得很粗略，那就是偏于特性的表现了。

（七）自然科学的方法　用进化论的民族学的比较法，来探求创造美术的旨趣。我们从现在已发达的美术、一点点的返溯上去，一直到最幼稚的作品，如前史时代的作品，如现代未开化人的作品，更佐以现代儿童的作品；于是美术的发生与进展，且纯粹美感与辅助实用的区别，始有比较讨论的余地。

右述七种方法，均为摩曼氏所提出。合而用之，对于美术家工作的状况，应可以窥见概略[①]。

据蔡元培手稿。

① 蔡元培写到此处为止。

美学的趋向①

（一）主义

在美学史上，各家学说，或区为主观论与客观论两种趋向。但美学的主观与客观，是不能偏废的。在客观方面，必需具有可以引起美感的条件；在主观方面，又必需具有感受美的对象的能力。与求真的的偏于客观，求善的的偏于主观，不能一样。试举两种趋向的学说，对照一番，就可以明白了。

美学的先驱，是客观论，因为美术上著作的状况，比赏鉴的心情是容易研究一点，因为这一种研究，可以把自然界的实体作为标准。所以，客观论上常常缘艺术与实体关系的疏密，发生学说的差别，例如，自然主义，是要求艺术与实体相

① 1921年秋，蔡元培在北京大学讲授“美学”课程，开始撰写《美学通论》。这是其中一章。

等的；理想主义，是要求艺术超过实体的；形式主义，想象主义，感觉主义，是要求艺术减杀实体的。

自然主义并不是专为美术家自己所倚仗的，因为美术家或者并不注意于把他所感受的照样表示出来；而倒是这种主义常为思想家所最易走的方向。自然主义，是严格的主张美术要酷肖实体的。伦理学上的乐天观，本来还是问题；抱乐天观的，把现实世界作为最美满的，就能把疏远自然的游艺，不必待确实的证据就排斥掉么？自然主义与乐天观的关系，是一方面；与宗教信仰的关系，又是一方面。若是信世界是上帝创造的，自然是最美的了；无怪乎艺术的美，没有过于模仿自然的了。

这种世界观的争论，是别一问题。我们在美学的立足点观察，有种种对于自然主义的非难：第一，把一部分的自然很忠实的写出来，令人有一种不关美学而且与观察原本时特殊的情感。例如逼真的蜡人，引起惊骇，这是非美学的，而且为晤见本人时所没有的。第二，凡是叫作美术，总比实体要减杀一点。例如圜景画，不能有日光、喧声、活动与新鲜的空气。蜡人的面上、手上不能有脂肪。石膏型的眼是常开的；身体上各部分客量的变动与精神的经历相伴的，决不能表示。又如我们看得到的骚扰不安的状态，也不是美术所能写照的。第三，我们说的类似，决不是实物的真相。例如滑稽画与速写画，一看是很类似对象的，然而决不是忠实的描写。滑稽画所写的是一小部分的特性；速写是删去许多应有的。我们看一幅肖像，就是美术家把他的耳、鼻以至眼睛，都省略了，而纯然用一种颜色的痕迹代他们，然而我们还觉得那人的面貌，活现在面前。各派的画家，常常看重省略法。第四，在最忠实的摹本，一定要把美术家的个性完全去掉，这就是把美术的生命除绝了。因为美术家享用，是于类似的娱乐以外，还有一种认识的愉快，同时并存的。

然而自然主义的主张，也有理由。一方面是关乎理论的；一方面是关乎实际的。在理论方面，先因有自然忠实与实物模拟的更换。在滑稽画与速写画上已看得出自然印象与实物模拟的差别。这种不完全或破碎的美术品，引出对于“自然忠实”语意的加强。然自然主义家若说是自然即完全可以用描写的方法重现出来，是不可能的事。不过美术上若过于违异自然，引起一种“不类”的感想，来妨害赏鉴，这是要避免的。

自然主义所依据的，又有一端，就是无论什么样理想高尚的美术品，终不能不与生活状况有关联。美术上的材料，终不能不取资于自然。然而这也不是很强的论证。因为要制一种可以满足美感的艺术，一定要把所取的材料，改新一点，如选择、增加或减少等。说是不可与经验相背，固然有一种范围，例如从视觉方面讲，远的物像，若是与近的同样大小，这自然是在图画上所见不到的。却不能因主张适合经验而说一种美术品必要使看的、听的或读的可以照样去实行。在美术上，常有附翼的马与半人半马的怪物，固然是用实物上所有的材料集合起来的；然而美术的材料，决不必以选择与联结为制限，往往把实现的事物，参错改变，要有很精细的思路，才能寻着他的线索。如神话的、象征的美术，何尝不是取材于经验，但不是从迹象上看得的。

自然主义对于外界实物的关系，既然这样，还要补充一层，就是他对于精神的经历，一定也应当同等的描写出来。然而最乐于实写感情状况的，乃正是自然主义的敌手。抒情诗家，常常把他的情感极明显而毫无改变的写出来，他的与自然主义，应当比理想主义还要接近一点了。这么看来，自然主义实在是一种普遍的信仰，不是一种美术家的方向。这个区别是很重要的。在美术史上，有一种现象，我们叫作自然主义的样式，单是免除理论的反省时，才可以用这个名义。核实的讲起来，自然主义，不过是一种时期上侵入的实际作用，就是因反对抽象的观念与形式而发生的。他不是要取现实世界的一段很忠实的描写，而在提出一种适合时代的技巧。因为这以前一时期的形式，显出保守性，是抽象的，失真的；于是乎取这个旧时代的美所占之地位，而代以新时代的美，就是用“真”来攻击“理想狂”。人类历史上常有的状况，随着事物秩序的变换而文化界革新，于是乎发见较新的价值观念与实在的意义，而一切美术，也跟着变动。每个美术家目睹现代的事物，要把适合于现代的形式表白出来，就叫作自然派。这种自然派的意义，不过是已死的理想派的敌手。凡是反对政府与反对教会的党派，喜欢用唯物论与无神论的名义来制造空气；美术上的反对派，此是喜欢用自然主义的名义，与他们一样。

从历史上看来，凡是自然派，很容易选择到丑怪与鄙野的材料。这上面第一个理由，是因为从前的美术品，已经把许多对象尽量的描写过了，而且或者已达到很美观的地步了；所以，在对待的与独立的情感上，不能不选到特殊的作品。第二个理由，是新发明的技巧，使人驱而于因难见巧的方向，把不容易着手的材料，来显他的长技。这就看美术家的本领，能不能把自然界令人不快的内容，改成引起快感的艺术。自然是无穷的，所以能把一部分不谐适的内容调和起来，美术上所取的，不过自然的一小片段，若能含有全宇宙深广的意义，那就也有担负丑怪的能力了。

在这一点上，与自然派最相反对的，是理想派。在理想派哲学上，本来有一种假定，就是万物的后面，还有一种超官能的实在；就是这个世界不是全从现象构成，还有一种理性的实体。美学家用这个假定作为美学的立足点，就从美与舒适的差别上进行。在美感的经历上，一定有一种对象与一个感受这对象的“我”，在官觉上相接触而后起一种快感。但是这种经历，是一切快感所同具的。我们叫作美的，一定于这种从官能上传递而发生愉快的关系以外，还有一点特别的；而这个一定也是对象所映照的状况。所以美术的意义，并不是摹拟一个实物；而实在把很深的实在，贡献在官能上；而美的意义，是把“绝对”现成可以观照的形式，把“无穷”现在“有穷”上，把理想现在有界的影相上。普通经验上的物象，对于他所根据的理想，只能为不完全的表示，而美术是把实在完全呈露出来。这一派学说上所说的理想，实在不外乎一种客观的普通的概念，但是把这个概念返在观照上而后见得是美。他的概念，不是思想的抽象，而是理想所本有的。

照理想派的意见，要在美术品指出理想所寄托的点，往往很难；有一个理想家对于静物画的说明，说：“譬如画中有一桌，桌上有书，有杯，有卷烟匣等等，若书是阖的，杯是空的，匣是盖好的，那就是一幅死的画。若是画中的书是翻开的，就是仅露一个篇名，看画的人，也就读起来了。”这是一种很巧妙的说明。然而，美术家神妙的作品，往往连自己都说不出所以然。Philipp Otto Runge遇着一个人，问他所以画日时循环表的意义，他对答道："设使我能说出来，就不用画了。"Mendelssohn在一封信里面说：若是音乐用词句说明，他就不要再用乐谱的记号了。

真正美术品，不能从抽象的思想产出。他的产出的机会，不是在思想的合于论理，而在对于激刺之情感的价值。理想固然是美术上所不可缺的，然而他既然凭着形式、颜色、声音表示出来，若是要理解他，只能靠着领会，而不能靠着思想。在实际的内容上，可以用概念的词句来解释；然而，美术品是还有一点在这个以外的，就是属于情感的。

注重于情感方面的是形式派。形式派的主张，美术家所借以表示的与赏鉴的、所以受感动的，都不外乎一种秩序，就是把复杂的材料，集合在统一的形式上。美学的了解，不是这是什么的问题，而是这是怎样的问题。在理想派，不过把形式当作一种内容的记号；而形式派，是把内容搁置了。不但是官能上的感觉，就是最高的世界观，也置之不顾。他们说，美是不能在材料上求得的，完全在乎形式与组合的均适，颜色与音调的谐和。凡有一个对象的各部分，分开来，是毫没有美学上价值的；等到连合起来了，彼此有一种关系了，然后发生美学上价值的评判。

要是问形式派，为什么有一种形式可以生快感，而有一种不能？普通的答案，就是以明了而易于理解的为发生快感的条件，例如，谐和的音节有颤动数的关系；空间部分要均齐的分配；有节奏变拍要觉得轻易的进行，这都是可以引起快感而与内容没有关系的。

但是，这种完全抽象的理论，是否可以信任，是一问题。例如复杂而统一，是形式上最主要的条件，但是，很有也复杂而也统一的对象，竟不能引起快感的，这是什么缘故？一种形式与内容的美术品，要抽取他一部分，而使感觉上毫不受全体的影响，是不可能的事，各部分必不免互相映照的。

形式论是对于实物的全体而专取形式一部分，是数量的减杀；又或就实物的全体而作程度的减杀，这是专取影相的幻想派。他以为现实世界的影相是美术上唯一的对象，因为影相是脱去艰难与压迫，为无穷的春而不与自然的苛律生关系。美的对象，应当对于生活的关系，毫没有一点顾虑，而专对于所值的效为享用。我们平常看一种实物，一定想到他于我有什么用处，而且他与其他实物有何等关联，而在美的生活上要脱去这两种关系。我们的看法，不是为我们有利益，也不是为与他物有影响。他把他的实际消灭了而只留一个影相。由影相上所发生之精神的激刺，是缺少意志作用的。所以在享用的精神上发生情感，有一点作用而比实际上是减杀了。这种影相，较之实际上似乎减杀，而在评判上，反为加增，因为我们认这影相的世界为超过实际而可爱的理想世界。

这种影相论，一转而为美的感觉论，就更为明了。因为影相论的代表，于美的独立性以外，更注重于感受的作用。他不但主张美的工作有自己的目的，而且主张从美的对象引起自己的快感以后，就能按照所感受的状况表示出来。凡人对于所感受的状况，常常觉得是无定的，而可以任意选择；一定要渡到概念上，才能固定。然而一渡到概念的固定，就是别一种的心境，把最初的观照放弃了。现在就有一问题，是不是最初的观照，也可以增充起来，到很清楚很安静的程度？感觉论者说是可以的，就凭寄在美术上。美术是把观照上易去的留住了，流动的固定了，一切与观照连带的都收容了，构成一种悠久的状况。凡是造形美术，都是随视觉的要求而能把实物上无定的形式与色彩之印象，构成有定的实在。例如造像家用大理石雕一个人的肖像，他从那个人所得来的，不过形式；而从材料上所得的，不过把所见的相可以到稳定表示的程度。

每一种造形美术，一定要有一个统一的空间；像人的视觉，虽远物，也在统一的空间上享受的。在画家，必须从他的视域上截取一部分，仿佛于四周加一边框的样子；而且觑定一个空间的中心点；并且他所用的色彩，也并不是各不相关的点块，而有互相映照的韵调。他们从远近物相的感受与记忆的表象，而得一空间的色彩的综合，以形为图画的。在概念的思想家，从现实的屡变之存在形式上，行抽象作用，得到思想形式；而美术家，从静静儿变换而既非感受所能把捉，也非记忆所能固定的影相上，取出现照的普遍的美术形式。他们一方面利用自然界所传递的效力而专取他的形式，用为有力的表示；一方面又利用材料的限制，如画板只有平面，文石只有静相等，而转写立体与动状，以显他那特殊的技巧。

在这种理论上，已不仅限于客观方面，而兼涉主观问题。因为我们所存想的事物，虽不能没有与表象相当的客体，而我们所感受的声音或色彩，却不但物理的而兼为心理的，所以从感受方面观察，不但不能舍却主观，而实融合主、客为一体。这种融合主、客的见解，在美学上实有重大意义。现在我们可以由客观论而转到主观论方面了。

主观派的各家，除感情移入论等一、二家外，大多数是与客观派各派有密切关系的。客观派中的影相论，尤是容易引入主观派的。他的问题：意识上那一种的状况是可以用影相来解决的？他的答案：是脱离一切意志激动的。这就是“没有利益关系的快感”与“不涉意志的观点”等理论所演出的。这一种理论，是把美的享用与平常官体的享用，分离开来。官能的享受，是必要先占有的，例如，适于味觉的饮食，适于肤觉的衣料，适于居住的宫室等。美的享用，完全与此等不同。是美的感动与别种感动不但在种类上、而且在程度上不同。因为美的感动，是从人类最深处震荡的，所以比较的薄弱一点，有人用感觉的与记忆的两种印象来证明。记忆的印象，就是感觉的再现，但是远不如感觉的强烈，是无可疑的。美的情感，是专属于高等官能的印象，而且是容易移动的样子。他的根基上的表象，是常常很速的经过而且很易于重现，他自己具有一种统一性，而却常常为生活的印象所篡夺，而易于消失。因为实际的情感，是从经验上发生，而与生活状况互相关联为一体；理想的情感，乃自成为一世界的。所以持久性的不同，并不是由于情感的本质，而实由于生活条件的压迫，就是相伴的环境。我们常常看到在戏院悲剧的末句方唱毕，或音乐场大合奏的尾声方颤毕，而听众已争趋寄衣处，或互相谐谑，或互相争论，就毫没有美的余感了。我们不能说这种原因就在影相感情上，而可以说是那种感情，本出于特别的诱导，所以因我们生活感想的连续性窜入而不能不放弃。

还有一种主观上经历的观察，与影相论相当的，是以影相的感情与实际的感情为无在不互相对待的。古代美学家本有分精神状况为两列，以第一列与第二列为同时平行的，如Fichte的科学论，就以这个为经验根本的。现代的Witaseks又继续这种见解。他说心理事实的经过，可分作两半；每一经过，在这半面的事实，必有一个照相在那半面。如感觉与想象，判断与假定，实际的感情与理想的感情，严正的愿望与想象的愿望都是。假定不能不伴着判断，但是一种想象的判断，而不是实际的。所以在假定上的感情，是一种影相的感情，他与别种感情的区别，还是强度的减杀。这一种理论上，所可为明显区别的，还是不外乎实际感情与影相感情，就是正式的感情与想象的感情。至于判断与假定的对待说，很不容易贯彻。因为想象的感情，也常常伴着判断，并不是专属于假定。当着多数想象的感情发生的机会，常把实物在意识上很轻松的再现，这并非由知识的分子而来。而且在假定方面，也很有参入实际感情的影响的。快与不快，就是在假定上，也可以使个人受很大的激刺，而不必常留在想象的、流转的状况。所以，我们很不容易把想象感情分作互相对待的两种。因为我们体验心理的经过，例如在判断上说，这个对象是绿的；在假定上说，这对象怕是绿的。按之认识论，固然不同，而在心理上，很不容易指出界限来。

影相感情的说明，还以感觉论的影相说为较善，因为彼是以心理状况为根据的。我们都记得，美术品的大多数，只能用一种觉官去享受他，很少有可以应用于多种觉官的。若实物，就往往可以影响于吾人全体的感态。例如一朵蔷薇花，可以看，可以摩，可以嗅，可以味，可以普及于多数觉官，这就是实物的特征。然而一朵画的蔷薇花，就只属于视觉，这就是失掉实物的特性了。我们叫作影相的，就是影响于一种觉官，而不能从他种觉官上探他的痕迹。他同小说上现鬼一样，我们看到他而不能捉摸，我们看他进来了，而不能听到他的足音，我们看他在活动，而不能感到空气的振动。又如音乐，是只可以听到，或可以按着他的节拍而活动，而无关于别种觉官。这些美术的单觉性，就可以证明影相的特性。这种影相的单觉性与实物的多觉性相对待，正如镜中假象与镜前实体之对待，也就如想象与感觉的对待。感觉是充满的，而想象是抽绎的。譬如我想到一个人，心目上若有他面貌的一部分，或有他一种特别的活动，决不能把他周围的状况都重现出来，也不能听到他的语音。在想象上，就是较为明晰的表相，也比较最不明晰的感觉很简单，很贫乏。

在客观论上，影相论一转而为幻想论。幻想的效力，是当然摄入于精神状态的。而且，这种状态的发生，是在实物与影相间为有意识的自欺、与有意向的继续的更迭。这种美的享受，是一种自由的有意的动荡在实在与非实在的中间。也可以说是不绝的在原本与摹本间调和的试验。我们若是赏鉴一种描写很好的球，俄而看作真正的球，俄而觉得是平面上描写的。若是看一个肖像，或看一幅山水画，不作为纯粹的色彩观，也不作为真的人与山水观，而是动荡于两者的中间。又如在剧院观某名伶演某剧的某人，既不是执着于某伶，也不是真认为剧本中的某人，而是动荡于这两者的中间。在这种情状上，实际与影相的分界，几乎不可意识了。是与否、真与假、实与虚的区别，是属于判断上，而不在美的享用上的。

美的融和力，不但泯去实际与影相的界限，而且也能泯去外面自然与内面精神的界限，这就是感情美学的出发点。感情美学并不以感情为只是主观的状态，而更且融入客观，正与理想派哲学同一见解。照Fichte等哲学家的观察，凡是我们叫作客观的事物，都是由“我”派分出去的。我们回溯到根本上的“我”，就是万物皆我一体。无论何种对象，我都可以游神于其中，而重见我本来的面目，就可以引起一种美的感情，这是美学上“感情移入”的理论。这种理论，与古代拟人论（Anthropomorphisrnus）的世界观，也是相通的。因为我们要了解全世界，只要从我们自身上去体会就足了。而一种最有力的通译就是美与美术的创造。希腊神话中，有一神名Narkissos，是青年男子，在水里面自照，爱得要死，正如冯小青“对影自临春水照，卿须怜我我怜卿”一样，在拟人论的思想，就是全自然界都是自照的影子。Narkissos可以算是美术家的榜样的象征。在外界的对象上，把自己的人格参进去，这就是踏入美的境界的初步。所以，美的境界，从内引出的，比从外引进的还多。我们要把握这个美，就凭着我们精神形式的生活与发展与经过。

最近三十年，感情移入说的美学，凭着记述心理学的助力，更发展了。根本上的见解，说美的享受在自己与外界的融和，是没有改变。但说明“美的享受”所以由此发生的理由，稍稍脱离理想哲学与拟人论的范围。例如R. Vischer说视觉的形式感情，说我们忽看到一种曲线，视觉很平易的进行，忽而像梦境的郁怒，忽而又急遽的继续发射。又如Karl du Prel说抒情诗的心理，说想象的象征力，并不要把对象的外形，作为人类的状态；只要有可以与我们的感想相应和的，就单是声音与色彩，也可以娱情。诗人的妙想，寄精神于对象上，也不过远远的在人类状况上想起来的。较为明晰的，是H. Lotze的说音乐。他说我们把精神上经过的状况移置在音乐上，就因声音的特性而愉快。我们身上各机关的生长与代谢，在无数阶级的音程上，从新再现出来。凡有从一种意识内容而移到别种的变化，从渐渐儿平滑过去的而转到跳越的融和，都在音乐上从新再现出来。精神上时间的特性，也附在声音上。两方的连合是最后的事实的特性。若是我的感态很容易的在音乐的感态上参入去，那就在这种同性与同感上很可以自娱了。我们的喜听音乐，就为他也是精神上动作的一种。

在各家感情移入说里面，以Theodor Lipps为最著名。他说感情移入，是先用类似联想律来解释音节的享受。每种音节的分子或组合，进行到各人的听觉上，精神上就有一种倾向，要照同样的节奏进行。精神动作的每种特别节奏，都向着意识经过的总体而要附丽进去。节奏的特性，有轻松，有严重，有自由，有连带，而精神的经过，常能随意照他们的内容为同样的振动。在这种情形上，就发生一种个人的总感态，与对象相应和。因为他是把所听的节奏誊录过来，而且直接的与他们结合。照Lipps的见解，这种经过，在心理学上的问题，就是从意识内容上推论无意识的心理经过与他的效力，而转为可以了解的意识内容。若再进一步，就到玄学的范围。Fichte对于思想家的要求，是观察世界的时候，要把一切实物的种类都作人为观；而Lipps就移用在美的观赏上；一切静止的形式，都作行动观。感情移入，是把每种存在的都变为生活，就是不绝的变动。Lipps所最乐于引证的，是简单的形式。例如对一线，就按照描写的手法来运动，或迅速的引进而抽出，或不绝的滑过去。但是，对于静止的线状，我们果皆作如是观么？设要作如是观，而把内界的经过都照着线状的运动，势必以弧曲的蜿蜒的错杂的形式，为胜于径直的正角的平行的线状了。而美的观赏上，实不必都变静止为活动，都把空间的改为时间的。例如一幅图画的布置，若照横面安排的，就应用静止律。又如一瞥而可以照及全范围的，也自然用不着运动的作用。

Lipps分感情移入为二种：一积极的，一消极的。积极的亦名为交感的移入，说是一种自由状况的快感。当着主观与客观相接触的时候，把主观的行动融和在客观上。例如对于建筑的形式上，觉得在主观上有一种轻便的游戏，或一种对于强压的抵消，于是乎发生幸福的情感。这种幸福的情感，是一种精神动作的结局。至于美的对象，是不过使主观容易达到自由与高尚的精神生活就是了，依Volkelt的意见，这一种的主观化，是不能有的，因为感情移入，必要把情感与观点融和起来；而对象方面，也必有相当的状况，就是内容与形式的统一。且Lipps所举示的，常常把主观与客观作为对谈的形式，就是与外界全脱关系，而仅为个人与对象相互的关系；其实，在此等状况上，不能无外界的影响。

据Emma V. Ritoòk的报告，实验的结果，有许多美感的情状，并不含有感情移入的关系。就是从普通经验上讲，简单的饰文，很有可以起快感的，但并不待有交感的作用。建筑上如峨特式寺院、罗科科式厅堂等，诚然富有感态，有代表一种精神生活的效力；然如严格的纪念建筑品，令我们无从感入的，也就不少。

至于Lipps所举的消极的感情移入，是指感不快与不同情的对象，此等是否待感情移入而后起反感，尤是一种疑问。

所以，感情移入的理论，在美的享受上，有一部分可以应用，但不能说明全部；存为说明法的一种就是了。

（二）方法

十九世纪以前，美学是哲学的一部分，所以种种理论，多出于哲学家的悬想。就中稍近于科学的，是应用心理学的内省法。美术的批评与理论，虽间有从归纳法求出的，然而还没有一个著美学的，肯应用这种方法，来建设归纳法的美学。直到一八七一年，德国Gustav Theodor Fechner发表《实验美学》（*Zur Experimentalen Ästhetik*）论文，及一八七六年发表《美学的预备》（*Vorschule der Ästhetik*）二册，始主张由下而上的方法（即归纳法），以代往昔由上而下的方法（即演绎法）。他是从Adolf Zeising的截金法着手试验。而来信仰此法的人，就此以为美学上普遍的基本规则。不但应用于一切美术品，就是建筑的比例，音乐的节奏，甚而至于人类及动、植、矿物的形式，都用这种比例为美的条件。他的方法，简单的叙述，就是把一条分作长短两截，短截与长截的比例，和长截与全线的比例，有相等的关系；用数目说明，就是五与八、八与十三、十三与二十一等等。F氏曾量了多数美观的物品，觉得此种比例，是不能确定的。他认为，复杂的美术品不必用此法去试验，只有在最简单的形式，如线的部分，直角，十字架，椭圆等等，可以推求；但也要把物品上为利便而设的副作用，尽数摆脱，用纯粹美学的根本关系来下判断。他为要求出这种简单的美的关系起见，请多数的人，把一线上各段的分截，与直角形各种纵横面的广狭关系上，求出最美观的判断来，然后列成统计。他所用的方法有三种：就是选择的，装置的，习用的。第一种选择法，是把各种分截的线，与各种有纵横比例的直角形，让被试验者选出最美的一式。第二种装置法，是让人用限定的材料，装置最感为美观的形式。例如装置十字架，就用两纸条，一为纵线，一为横线，置横线于纵线的那一部分，觉得最为美观，就这样装置起来。第三的习用法，是量比各种习用品上最简单的形式。F氏曾试验了多种，如十字架，书本，信笺，信封，石板，鼻烟壶，匣子，窗，门，美术馆图画，砖，科科糖等，凡有纵横比例的，都列出统计。他的试验的结果，在直角形上，凡正方及近乎正方的，都不能起快感；而纵横面的比例，适合截金法，或近乎此法的，均被选。在直线上，均齐的，或按截金法比例分作两截的，也被选。在十字架上，横线上下之纵横，为一与二之比例的被选。其余试验，F氏未尝发表。

F氏此种方法，最先为Wimdt氏心理实验室所采用。此后研究的人，往往取F氏的成法，稍加改良。Lightner Witmer仍取F氏所已经试验的截线与直角形再行试验，但不似F氏的随便堆积，让人选择；特按长短次序，排成行列。被试验的人，可以一对一对的比较；或一瞥全列，而指出最合意的与最不合意的。而且，他又注意于视官的错觉，因为我们的视觉，对于纵横相等的直角形，总觉得纵的方面长一点；对于纵线上下相等的十字架，总觉得上半截长一点。F氏没有注意到这种错觉，W氏新提出来的。W氏所求的结果：线的分截，是平均的，或按截金法比例的与近乎截金法比例的，均当选；独有近似平均的，最引起不快之感，因为人觉得是求平均而不得的样子。在直角形上，是近乎正方的，或按照截金法比例的，或近乎截金法比例的，均当选；而真的正方形，却起不快之感。

Jacob Segal又把W氏的法推广一点。他不但如F氏、W氏的要求得美的普通关系，并要求出审美者一切经过的意识。F氏、 W氏对于被试验者的发问，是觉得线的那一种方面的关系，或分截的关系，是最有快感的。S氏的发问，是觉得那一种关系是最快的，那一种是不很快的，那一种是不快的，那一种是在快与不快的中间的。这样的判断，是复杂得多了。而且，在F氏、W氏的试验法，被试验人所判断的，以直接作用为限；在S氏试验法，更及联想作用，因为他兼及形式的表示。形式的表示，就与感情移入的理论有关系。所以，F氏、W氏的试验法，可说是偏重客观的；而S氏的试验法，可说是偏重主观的。

S氏又推用此法于色彩的排比，而考出色彩上的感情移入，与形式上的不同，因为色彩上的感入，没有非美学的联想参入的。

S氏又用F氏的旧法，来试验一种直线的观察。把一条直线演出种种的姿势，如直立、横放、与各种斜倚等，请被试验者各作一种美学的判断。这种简单的直线，并没有形学上的关系了；而美学的判断，就不外乎感情移入的作用。如直立的线，可以有坚定或孤立之感；横放的线，可以有休息或坠落之感；一任观察的人发布他快与不快的感情。

J. Cohn用F氏的方法，来试验两种饱和色度的排比，求得两种对待色的相毗是起快感的；两种类似色的相毗，是感不快的。而且用色度与明度相毗（明度即白、灰、黑三度），或明度与明度相毗，也是最强的对待，被选。Chown P. Barber用饱和的色度与不饱和的色度与黑、白等明度相毗，试验的结果，强于感人的色度，如红、蓝等，用各种饱和度配各种灰度，都是起快感的。若弱于感人的色度，如黄、绿等，配着各种的灰度，是感不快的。

Meumann又用别的试验法，把相毗而感不快的色度，转生快感，就是在两色中间加一别种相宜色度的细条，或把两色中的一色掩盖了几分，改成较狭的。

Meumann又用F氏的装置法，在音节上试验，用两种不同的拍子，试验时间关系上的快感与不快感。

Munstenberg与Pierce试验空间的关系，用均齐的与不均齐的线，在空间各种排列上，有快与不快的不同。Stratton说是受眼筋运动的影响。Kulpe与Gordon曾用极短时间，用美的印象试验视觉，要求出没有到“感情移入”程度的反应。Max Mazor曾用在听觉上，求得最后一音，以递降的为最快。

以上种种试验法，可说是印象法，因为都是从选定的美的印象上进行的。又有一种表现法，是注重在被试验人所表示的状况的。如Alfred Lehmann提出试验感情的方法，是从呼吸与脉搏上证明感情的表现。Martin曾用滑稽画示人而验他们的呼吸。Rudolf Shulze曾用十二幅不同性质的图画，示多数学生，而用照相机摄出他们看画时的面貌与姿势；令别人也可以考求何种图画与何种表现的关系。

据Meumann的意见，这些最简单的美的印象的试验，是实验美学的基础，因为复杂的美术品，必参有美术家的个性；而简单印象，却没有这种参杂。要从简单印象上作完备的试验，就要在高等官能上、即视觉听觉上收罗各种印度（在节奏与造像上也涉及肤觉与运动）。在视觉上，先用各种简单的或组合的有色的与无色的关系；次用各种简单的与组合的空间形式；终用各种空间形式与有色、无色的组合。在听觉上，就用音的连续与音的集合；次用节奏兼音的连续的影响。在这种简单印象上，已求得普遍的成绩，然后可以推用于复杂的美术品。

以上所举的试验法，都是在美的赏鉴上着想。若移在美的创造上，试验较难，然而Meumann氏也曾提出各种方法。

第一，是收集美术家关系自己作品的文辞，或说他的用意，或说他的方法，或说他所用的材料。在欧洲美术家、文学家的著作，可入此类的很多。就是中国文学家、书家、画家，也往往有此等文章，又可于诗题或题画诗里面摘出。

第二，是把美术品上有关创造的几点，都提出来，列成问题，征求多数美术家的答复。可以求出他们各人在自己作品上，对于这几点的趋向。

第三，是从美术家的传记上，求出他关于著作的材料。这在我们历史的文苑传、方技传与其他文艺家传志与年谱等，可以应用的。

第四，是从美术家著作上作心理的解剖，求出他个人的天才、特性、技巧与其他地理与时代等等关系。例如文学家的特性，有偏重观照的，就喜作具体的记述。有偏重悬想的，就喜作抽象的论说。有偏于视觉的，有偏于听觉的，有视觉、听觉平行的。偏于视觉的，就注重于景物的描写；偏于听觉的，就注重于音调的谐和。Karl Groos曾与他的弟子研究英、德最著名的文学家的著作。所得的结果，Schiller少年时偏于观照，远过于少年的Goethe；Wagner已有多数的观点，也远过于Goethe。又如 Shakespeare的著作，所用单字在一万五千以上，而Milton所用的，不过比他的半数稍多一点。这种研究方法，在我们的诗文集详注与诗话等，颇有近似的材料，但是没有精细的统计与比较。

第五，是病理学的参考。这是从美术家疾病上与他的特殊状态上，求出与天才的关系。意大利病理学家Lombroso曾于所著的《天才与狂疾》中，提出这个问题。近来继续研究的不少。德国撒克逊邦的神经病医生P. G. Möbius曾对于文学家、哲学家加以研究：如Goethe、Sehopenhauer、Rousseau、Scheller、Nietzsche等，均认为有病的征候，因而假定一切非常的天才，均因有病性紧张而驱于畸形的发展。这种假定，虽不免近于武断，然不能不认为有一种理由。其他如Lombard与Lagriff的研究Maupassant，Segaloff的研究Dostojewsky，也是这一类。我们历史上，如祢衡的狂，顾恺之的痴，徐文长、李贽、金喟等异常的状态，也是有研究的价值的。

第六，是以心理学上个性实验法应用于美术家的心理。一方面用以试验美术家的天才，一方面用以试验美术家的技巧。如他们表象的模型，想象力的特性，记忆力的趋向，或偏于音乐，或偏于色相，观察力的种类，或无心的，或有意的，他们对于音声或色彩或形式的记忆力，是否超越普通人的平均度？其他仿此。

图画家、造像家技术上根本的区别，是有一种注意于各部分忠实的描写与个性的表现；又有一种注意于均度的模型。

有一试验法，用各种描写的对象，在不同的条件上，请美术家描写：有一次是让他们看过后，从记忆中写出来；有一次是置在很近的地位，让他们可以详细观察的；有一次是置在较远的地位，让他们只能看到大概。现在我们对于他们所描写的，可以分别考核了。他们或者无论在何种条件下，总是很忠实的把对象详细写出来；或者因条件不同而作各种不同的描写；就可以知道前者偏于美术上的习惯，而后者是偏于天赋了。

第七，是自然科学的方法，就是用进化史与生物学的方法，而加以人类学与民族心理学的参考。用各时代，各地方，各程度的美术来比较，可以求出美术创造上普遍的与特殊的关系。且按照Hackel生物发生原理，人类当幼稚时期，必重演已往的生物史，所以儿童的创造力，有一时直与初民相类。取儿童的美术，以备比较，也是这种方法里面的一端。

据蔡元培手稿。

美学的对象 ①

（一）对象的范围

一讲到美学的对象，似乎美高、悲剧、滑稽等等，美学上所用的静词，都是从外界送来，不是自然，就是艺术。但一加审核，就知道美学上所研究的情形，大部分是关乎内界生活的。我们若从美学的观点，来观察一个陈设的花瓶，或名胜的风景，普通的民谣，或著名的乐章，常常要从我们的感触、情感、想象上去求他关联的条件。所以，美学的对象，是不能专属客观，而全然脱离主观的。

美术品是美学上主要的对象，而美术品被造于美术家，所以，美术家心理的经过，即为研究的对象。美术家把他的想象寄托在美术品上，在他未完成以前，如何起意？如何进行？虽

---

① 本篇为《美学通论》的一章，1921年秋开始撰写。

未必都有记述，然而，我们可以从美术品求出他痕迹的，也就不少。

美术家的著作与赏鉴者的领会，自然以想象为主。然而美的对象，却不专在想象中，而与官能的感觉相关联。官能感觉，虽普通分为五种，而味觉、肤觉、臭觉，常为美学家所不取。味觉之文，于美学上虽间被借用，如以美学为味学（Gerhmackolehe），以美的评判为味的评判（Gerhmackurteil）等。吾国文学家也常有趣味、兴味、神味等语，属于美学的范围。但严格讲起来，这种都是假借形容，不能作为证据。臭觉是古代宗教家与装饰家早知利用，寺院焚香与音乐相类，香料、香水与脂粉同功，赏鉴植物的也常常香色并称，然亦属于舒适的部分较多。至于肤觉上滑涩精粗的区别，筋力上轻重舒缩的等差，虽也与快与不快的感情有影响，但接近于美的分子，更为微薄。要之，味觉、肤觉，均非以官能直接与物质相切，不生影响。臭觉虽较为超脱，但亦藉极微分子接触的作用，所以号为较低的官能。而美学家所研究的对象，大抵属于视觉、听觉两种。例如色彩及空间的形式，声音及时间的继续，以至于观剧、读文学书。美学上种种问题，殆全属于视、听两觉。

美术中，如图画、音乐，完全与实用无关，固然不成问题。建筑于美观以外，尚有使安、坚固的需要。又如工艺美术中，或为衣服材料，或为日常用具，均有一种实际上应用的目的；在美学的眼光上，就不能不把实用的关系，暂行阁置，而专从美观的一方面，加以评判。

美学家间有偏重美术、忽视自然美的一派，Hegel就是这样，他曾经看了Grindwald冰河，说是不外乎一种奇观，却于精神上没有多大的作用。然而美术的材料，大半取诸自然。我们当赏鉴自然美的时候，常常有无穷的美趣，不是美术家所能描写的。就是说，我们这一种赏鉴，还是从赏鉴美术上练习而得，然而自然界不失为有一种被赏鉴的资格，是无疑的。

反过来，也有一种高唱自然美、薄视艺术的一派，例如Wilkelm Hernse赏兰因瀑布的美，说无论Tizien、Rubeut、Venrets等，立在自然面前，只好算是最幼的儿童，或可笑的猿猴了。又如Heirnrieh V. Salisch作森林美学，曾说森林中所有的自然美，已经超过各种陈列所的价值，不知若干倍，我们就是第一个美术院院长。当然，自然上诚有一种超过艺术的美；然而，艺术上除了声色形式，与自然相类以外，还有艺术家的精神，寄托在里面。我们还不能信这个自然界，是一个无形的艺术家所创造的；我们就觉得艺术上自有一种在自然美以外独立的价值。

人体的美，在静的方面，已占形式上重要地位。动的方面，动容出辞，都有雅、俗的区别。由外而内，品性的高尚与纯洁，便是美的一例。由个人的生活而推到社会的组织，或宁静而有秩序，或奋激而促进步，就是美与高的表现，这都不能展在美学以外的。

（二）调和

声音与色彩，都有一种调和的配合。声音的调和，在自然界甚为罕遇；而色彩的调和，却常有的。声音的调和，当在别章推论。请先讲色彩的调和。

色彩的配置，有两种条件：① 浓淡的程度，② 联合的关系。配置声音的，几乎完全自主；而配置色彩的，常不能不注意于自然的先例。有一种配合，或者在美的感态上，未必适宜，然而因在自然界常常见到的缘故，也就不觉得龃龉。而且因为色彩的感与实物印象的感，成为联想，就觉得按照实物并见的状况，是适当的。例如暗红与浓绿，似乎不适并置的，然而暗红的蔷薇与它那周围的绿叶，我们不知道看过多少次了，而我们不适的感觉，就逐渐磨钝了。若在别种实物的图画上，按照这种色彩配置起来，也必能与常见实物的记忆成为联想，而觉为可观。但若加以注意，使审察的意识，过于复验，就将因物体差别的观念阻碍欣赏；或者使前述的联想，不过成为一种随着感态的颤动而已。所以习惯的势力，不过以美术上实想自然物色彩的范围为限。

但是实写自然物，也有不能与自然物同一的条件。在自然上常有一种微微变换的光度，助各种色彩的调和；在美术上就不能不注意于各种色彩的本体。照心理学实验的结果，知道纯是饱和的色彩，与用中性的灰色伴着的色彩，很有不同的影响。又知道鲜明闪烁的色彩，若伴着黯淡的、浑浊的光料，反觉美观；而伴着别种精细的色彩，转无快感。驳杂的色彩，是不调和的。钻石，珐琊，孔雀尾，烟火等等，光彩眩眼，不能说是不美，而不能算是调和。凡色彩的明度愈大，就是激刺人目的方面，转换愈多，而近于调和的程度就愈小。儿童与初民，所激赏的，是一种活泼无限的印象。

要试验色彩的调和，不可用闪烁的色彩；而色彩掩覆的平面，不可过小，也不可过大。过小就各色相毗，近于驳杂；过大就过劳目力，而于范围以外的地位，现出相对的幻色。又在流转的光线里面，判断也不容易正确。试验光度的影响，有一种简单的方法，用白纸剪成小方形，先粘在同色同形而较大的纸上；第二次，粘在灰色纸上；第三次，粘在黑色纸上。因周围光度的差别，而对于中间方格的白色，就有不同的感觉；画

家可因此而悟利用光度的方法。

在自然界，于实物上有一种流动的光，也是美的性质。大画家就用各种色彩与光度相关的差次，来描写他，这就叫作色调。若画得不合法，就使看的人，准了光度，失了距离的差别；准了距离，而光相又复不存。欧洲最注意于这种状况的是近时的印象派。从前若比国的Oan van Eyck（1336—1440），荷兰的Rembrandt （1606—1669），法国的Watteau（1684—1721），英国的Conotable（1776—1837），Turner（1775—1851），德国的Böcklin（1850—1901），都是著名善用色调的画家。因为有这种种的关系，所以随举两种色彩，如红与绿，黄与蓝，红与蓝，合用起来，是美观的？还是不美观的？几乎不能简单的断定。又在自然美与艺术美上，常常用三种色调，所以两种色调的限制，也觉得太简单。在现代心理学的试验，稍稍得一点结论。相对色的合用，能起快感的很少。我们所欣赏的，还是在合用相距不远的色度。我们看着相对色的合用，很容易觉得无趣味，或太锐利，就是不调和。这因为每一色的余像（Nachbclde），被相伴的色所妨害了。而且相对色的并列，一方面是因为后像的复现，独立性不足；一方面又因为相距太远，不能一致，所以不易起快感。所以，色彩的调和，或取差别较大的，使有互相映照的功用，而却不是相对色；或取相近的色彩，而配色的度，恰似加以光力或衬有阴影的原色，就觉得浓淡相间，更为一致。就一色而言，红色与明红及暗红相配，均为快感的引导。寻常用红色与暗红相配，在心理上觉得适宜，不似并用相对色的疲目。虽然不是用阴影，而暗红色的作用，恰与衬阴影于普通红色相等。

（三）比例

比例是在一种美的对象上，全体与部分，或部分与部分，有一种数学的关系。听觉上为时间的经过，视觉上为空间的形式。除听觉方面，当于别章讨论外，就视觉方面讲起来，又有关于排列与关于界限的两种。

关于排列的，以均齐律为最简单。最均齐的形式，是于中线两旁，有相对的部分，它们的数目、地位、大小，没有不相等的。在动物的肢体上，在植物的花叶上，常常见到这种形式。在建筑、雕刻、图画上，合于这种形式的，也就不少。然而，我们若是把一个圆圈，直剖为二，虽很均齐，而内容空洞，就不能发起快感。又如一切均齐的形式，可以说是避免丑感的方面多，而积极发起美感的方面较少。在复杂的形式上，要完成它的组织与意义，若拘泥均齐律，常恐不能达到美的价值。

我们若用西文写姓名，而把所写的地位上的空白纸折转来，印成所写的字，这是两方完全相等的，然而看的人，或觉得不过如此，或觉得有一点好看，虽因联想的关系，程度不必相同，而总不能引起美学的愉快。这种状况，就引出两个问题：① 为什么均齐的快感，常属于一纵线的左右，而不属于一横线的上下？② 为什么重复的形式，不能发生美的价值？

解答第一个问题，是有习惯的关系与心理的关系。我们习惯上所见的动物、植物的均齐状况，固然多属于左右的。就是简单的建筑与器具，在工作上与应用上便利，都以左右相等为宜。我们因有这种习惯，所以于审美上也有这种倾向。心理上有视官错觉的公例，若要看得上下均等，为一与一的比例，我们必须把上半做成较短一点才好。例如，S与8，我们看起来，是上下相等了；然而倒过来一看，实在是ƨ与8，下半比上半大得多了。我们若是把四方形或十字形来试验，上下齐等的关系，更可以明了这种错觉。因这个缘故，所以确实的上下均齐，是不能有美感的。

解答第二个问题，是我们的均齐律，不能太拘于数学的关系，与形式的雷同，而只要求左右两方的均势。在图画上，或左边二人而右边只有一人；或左边的人紧靠着中心点，而右边的人却远一点儿。这都可以布成均势。人体的姿势，无论在实际上，在美术上，并不是专取左右均齐，作为美的价值；常常有选取两边的姿势，并不一致；而筋肉的张弛，适合于用力状况的。

均势的形式，又有两种关系：① 人体的姿势，受各种运动的牵制，或要伸而先屈，要进而先退；或如柔软体操及舞蹈时，用互相对待的姿势，随时变换。②是主观与客观间为相对的动感，如我们对着一个屈伏的造像，就不知不觉的作起立的感想。这种同情的感态，不是有意模仿，而是出于一种不知不觉间调剂的作用。

别一种的比例，就是截金法，a：b=b：（a+b）。从Giotto提出以后，不但在图画、雕刻、建筑上得了一个标准，而且对于自然界，如人类、动植物的形式，也有用这个作为评判标准的。经 Fechner的试验，觉得我们所能起快感的形式，并不限于截金术的比例。

据蔡元培手稿。

第三部分　美育

以美育代宗教说

兄弟于学问界未曾为系统的研究，在学会中本无可以表示之意见。惟既承学会诸君子责以讲演，则以无可如何中，择一于我国有研究价值问题为到会诸君一言，即以美育代宗教之说是也。

夫宗教之为物，在彼欧西各国已为过去问题。盖宗教之内容，现皆经学者以科学的研究解决之矣。吾人游历欧洲，虽见教堂棋布，一般人民亦多入堂礼拜，此则一种历史上之习惯。譬如前清时代之袍褂，在民国本不适用，然因其存积甚多，毁之可惜，则定为乙种礼服而沿用之，未尝不可。又如祝寿、会葬之仪，在学理上了无价值，然戚友中既以请帖、讣闻相招，势不能不循例参加，藉通情愫。欧人之沿习宗教仪式，亦犹是耳。所可怪者，我中国既无欧人此种特别之习惯，乃以彼邦过去之事实作为新知，竟有多人提出讨论。此则由于留学外国之学生，见彼国社会之进化，而误听教士之言，一切归功于宗教，遂欲以基督教劝导国人。而一部分之沿习旧思想者，则承前说而稍变之，以孔子为我国之基督，遂欲组织孔教，奔走呼号，视为今日重要问题。

自兄弟观之，宗教之原始，不外因吾人精神之作用构成。吾人精神上之作用，普通分为三种：一曰智识；二曰意志；三曰感情。最早之宗教，常兼此三作用而有之。盖以吾人当未开化时代，脑力简单，视吾人一身与世界万物，均为一种不可思议之事。生自何来？死将何往？创造之者何人？管理之者何术？凡此种种皆当时之人所提出之问题，以求解答者也。于是有宗教家勉强解答之。如基督教推本于上帝，印度旧教则归之梵天，我国神话则归之盘古。其他各种现象，亦皆以神道为惟一之理由。此知识作用之附丽于宗教者也。且吾人生而有生存之欲望，由此欲望而发生一种利己之心。其初以为非损人不能利已，故恃强凌弱，掠夺攫取之事，所在多有。其后经验稍多，知利人之不可少，于是有宗教家提倡利他主义。此意志作用之附丽于宗教者也。又如跳舞、唱歌，虽野蛮人亦皆乐此不疲。而对于居室、雕刻、图画等事，虽石器时代之遗迹，皆足以考见其爱美之思想。此皆人情之常，而宗教家利用之以为诱人信仰之方法。于是未开化人之美术，无一不与宗教相关联。此又情感作用之附丽于宗教者也。天演之例，由浑而画。当时精神作用至为浑沌，遂结合而为宗教。又并无他种学术与之对，故宗教在社会上遂具有特别之势力焉。

迨后社会文化日渐进步，科学发达，学者遂举古人所谓不可思议者，皆一一解释之以科学。日星之现象，地球之缘起，动植物之分布，人种之差别，皆得以理化、博物、人种、古物诸科学证明之。而宗教家所谓吾人为上帝所创造者，从生物进化论观之，吾人最初之始祖实为一种极小之动物，后始日渐进化为人耳。此知识作用离宗教而独立之证也。宗教家对于人群之规则，以为神之所定，可以永远不变。然希腊诡辩家，因巡游各地之故，知各民族之所谓道德，往往互相抵触，已怀疑于一成不变之原则。近世学者据生理学、心理学、社会学之公例，以应用于伦理，则知具体之道德不能不随时随地而变迁。而道德之原理则可由种种不同之具体者而归纳以得之。而宗教家之演绎法，全不适用。此意志作用离宗教而独立之证也。

知识、意志两作用，既皆脱离宗教以外，于是宗教所最有密切关系者，惟有情感作用，即所谓美感。凡宗教之建筑，多择山水最胜之处，吾国人所谓天下名山僧占多，即其例也。其间恒有古木名花，传播于诗人之笔，是皆利用自然之美以感人者。其建筑也，恒有峻秀之塔，崇闳幽邃之殿堂，饰以精致之造像， 瑰丽之壁画，构成黯淡之光线，佐以微妙之音乐。赞美者必有著名之歌词，演说者必有雄辩之素养，凡此种种皆为美术作用，故能引人入胜。苟举以上种种设施而屏弃之，恐无能为役矣。然而美术之进化史，实亦有脱离宗教之趋势。例如吾国南北朝著名之建筑，则伽蓝耳。其周雕刻，则造像耳。图画，则佛像及地狱变相之属为多。文学之一部分，亦与佛教为缘。而唐以后诗文，遂多以风景人情世事为对象。宋元以后之图画，多写山水花鸟等自然之美。周以前之鼎彝，皆用诸祭祀。汉唐之吉金，宋元以来之名瓷，则专供把玩。野蛮时代之跳舞，专以娱神，而今则以之自娱。欧洲中古时代留遗之建筑，其最著者率为教堂。其雕刻图画之资料，多取诸新旧约。其音乐，则附丽于赞美歌。其演剧，亦排演耶稣故事，与我国旧剧《目莲救母》相类。及文艺复兴以后，各种美术渐离宗教而尚人文。至于今日，宏丽之建筑多为学校、剧院、博物院。而新设之教堂，有美学上价值者，几无可指数。其他美术，亦多取资于自然现象及社会状态。于是以美育论，已与宗教分合之两派。以此两派相较，美育之附丽于宗教者，常受宗教之累，失其陶养之作用，而转以激刺感情。

盖无论何等宗教，无不有扩张己教、攻击异教者杀之。基督教与回教冲突，而有十字军之战，几及百年。基督教中又有新旧教之战，亦亘数十年之久。至佛教之圆通，非他教所能及。而学佛者苟牵教义之成见，则崇拜舍利受持经忏之陋习，虽通人亦肯为之。甚至为护法起见，不惜于共和时代，附和帝制。宗教之为累，一至于此。皆激刺感情之作用为之地。鉴激刺感情之弊，而专尚陶养感情之术，则莫如舍宗教而易以纯粹之美育。

纯粹之美育，所以陶养吾人之感情，使有高尚纯洁之习惯，而使人我之见、利己损人之思念，以渐消沮者也。盖以美为普遍性，决无人我差别之见能参入其中。食物之入我口者，不能兼果他人之腹；衣服之在我身者，不能兼供他人之温，以其非普遍性也。美则不然。即如北京左近之西山，我游之，人亦游之；我无损于人，人亦无损于我也。隔千里兮共明月，我与人均不得而私之。中央公园之花石，农事试验场之水木，人人得而赏之。埃及之金字塔、希腊之神祠、罗马之剧场，瞻望赏叹者若干人，且历若干年，而价值如故。各国之博物院，无不公开者，即私人收藏之珍品，亦时供同志之赏览。各地方之音乐会、演剧场，均以容多数人为快。所谓独乐乐不如与人乐乐，与寡乐乐不如与众乐乐，以齐宣王之惛，尚能承认之，美之为普遍性可知矣。且美之批评，虽间亦因人而异，然不曰是于我为美，而曰是为美，是亦以普遍性为标准之一证也。

美以普遍性之故，不复有人我之关系，遂亦不能有利害之关系。马牛，人之所利用者，而戴嵩所画之牛，韩干所画之马，决无对之而作服乘之想者。狮虎，人之所畏也，而芦沟桥之石狮，神虎桥之石虎，决无对之而生搏噬之恐者。植物之花，所以成实也，而吾人赏花，决非作果实可食之想。善歌之鸟，恒非食品。灿烂之蛇，多含毒液。而以审美之观念对之，其价值自若。美色，人之所好也，对希腊之裸像，决不敢作龙阳之想。对拉飞尔[①]若鲁滨司[②]之裸体画，决不敢有周昉秘戏图之想。盖美之超绝实际也如是。且于普通之美以外，就特别之美而观察之，则其义益显。例如崇闳之美，有至大至刚两种。至大者如吾人在大海中，惟见天水相连，茫无涯涘。又如夜中仰数恒星，知一星为一世界，而不能得其止境，顿觉吾身之小虽微尘不足以喻，而不知何者为所有，其至刚者，如疾风震霆、覆舟倾屋、洪水横流、火山喷薄，虽拔山盖世之气力，亦无所施，而不知何者为好胜。夫所谓

① 拉飞尔：意大利画家，建筑师，今译拉斐尔。

② 鲁滨司：荷兰画家，今译鲁本斯。

大也、刚也，皆对待之名也。今既自以为无大之可言，无刚之可恃，则且忽然超出乎对待之境，而与前所谓至大至刚者肸合而为一体，其愉快遂无限量。当斯时也，又岂尚有利害得丧之见能参入其间耶！其他美育中如悲剧之美，以其能破除吾人贪恋幸福之思想。《小雅》之怨悱，屈子之离忧，均能特别感人。《西厢记》若终于崔张团圆，则平淡无奇，惟如原本之终于草桥一梦，始足发人深省。《石头记》若如《红楼后梦》等，必使宝黛成婚，则此书可以不作。原本之所以动人者，正以宝黛之结果一死一亡，与吾人之所谓幸福全然相反也。又如滑稽画中之人物，则故使一部分特别长大或特别短小。作诗则故为为谐之声调，用字则取资于同音异义者。方朔割肉以遗细君，不自责而反自夸；优旃谏漆城，不言其无益，而反谓漆城荡荡寇来不得上，皆与实际不相容，故令人失笔耳。要之美学之中，其大别为都丽之美、崇闳之美（日本人译言优美、壮美）。而附丽于崇闳之悲剧，附丽于都丽之滑稽，皆足以破人我之见，去利害得失之计较，则其所以陶养性灵，使之日进于高尚者，固已足矣。又何取乎侈言阴骘、攻击异派之宗教，以激刺人心，而使之渐丧其纯粹之美感为耶。

美术的进化

前次讲文化的内容，方面虽多，归宿到教育。教育的方面，虽也很多；他的内容，不外乎科学与美术。科学的重要，差不多人人都注意了。美术一方面，注意的还少。我现在要讲讲美术的进化。

美术有静与动两类：静的美术，如建筑、雕刻、图画等。占空间的位置，是用目视的。动的美术，如歌词、音乐等，有时间的连续，是用耳听的。介乎两者之间，是跳舞，他占空间的位置，与图画相类；又有时间的连续，与音乐相类。

跳舞的起源很简单，动物中，如鸽、雀，如猫、狗，高兴时候，都有跳舞的状态。澳洲有一种鸟，且特别用树枝造成一个跳舞厅。到跳舞之进化的时候，我们所知道的非、澳、亚、美等洲的未开化人，都有各种跳舞，他那舞人，必是身上画了花纹，或加上各种装饰；那就是图案与装饰品的起源。跳舞的地方，有在广场的；但也有在草舍或雪屋中间的，这就是建筑的起源。又如跳舞会中，必要唱歌，是诗歌与他种文学的起源。跳舞时，常用简单的乐器，指示节拍，这就是音乐的起源。似乎各种美术，都随着跳舞而发生的样子。所以有人说最早的美术就是跳舞，也不为无。

未开化人的跳舞，本有两种：一种是体操式，排成行列，注重节奏。中国古代的舞，有一部分属于此类，如现在文庙中所演的。欧洲人的跳舞会，也是此类。不过未开化人的跳舞，男女分班。男子跳舞时，女子组成歌队。女子的跳舞会，男子不参加。欧人现在的跳舞会，却是男女同舞的。欧人歌剧中，例有一段跳舞。全由女子组成，也是体操式的发展。

未开化人的跳舞，又有一种，是演剧式，或摹拟动物状态，或装演故事，这就是演剧的起源。我们周朝的武舞，一段一段演武王伐殷的样子，这已经近于演剧。后来优孟扮演孙叔敖，就是正式的演剧了。我们正式的演剧，元以后始有文学家的曲本。直到今日，还没有著名的进步。最流行的二黄、梆子等，意浅词鄙，反更不如昆曲了。欧洲现行的戏剧，约有三种：一是歌剧（Opera），作用歌词，以悲剧为多。二是白话剧（Drama），全用白话，亦不参用音乐，兼有悲剧喜剧。现在中国人叫作新剧的就是这一类。三是小歌剧（Operetta），歌词与白话相间，与我们的曲本相类，多是喜剧。以上三种，都出自文学家手笔。时时有新的著作，有种种的派别，如理想派、写实派、神秘派等。他们的剧场，有专演一种的，也有兼演两种或三种的，但是一日内所演的剧，总是首尾完具，耐人寻味的。别有一种杂要馆，各幕不相连续。忽而唱歌，忽而谐谈，忽而舞蹈，忽而器乐，忽而禽言，忽而兽戏，忽而幻术，忽而赛拳，纯为娱耳目起见，不含有何种理想。闻英国的戏场，多是此类，不过有少数的专演名家剧本，此亦英人美术观念，与意法等国不同的缘故。我们的剧场，虽然并不能掺入幻术、兽戏等等，但是第一注意于唱工戏、武戏、小戏等如何排列；第二注意于唱工戏中，生、旦、净、末的专戏，应如何排列；纯从技术上分配平均起见，并无文学上的关系，尚是杂要馆一类。

最早的装饰，是画在身上。热带的未开化人用不著衣服，就把各种花纹画在身上作装饰。现在妇女的擦脂粉，戏子的打脸谱，是这一类。

进步一点，觉得画的容易脱去，在皮肤上刻了花纹，再用颜色填上去。大约暗色的民族，用浅的瘢痕；黄色或古铜色的民族，用深的雕纹。我们古人叫作“文身”，或叫作“雕题”，至于不用瘢痕，或雕纹的民族，也有在唇上或耳端凿一孔，镶上木片，叫他慢慢儿扩大的。总之都是矫揉造作的装饰，在文明人的眼光里，只好算是丑状了。但是近时的缠足、束腰、穿耳，也是这一类。

进一步，不在皮肤上用工了，用别种装饰品，加在身上。头上的冠巾、头上的挂件、腰上的带，在未开化人，已经有种种式样。文化渐进，冠服等类，多为卫生起见，已经渐趋简单。但尚有叫作“时式”的，如男子时式衣服，以伦敦人为标准；女子时式衣服，以巴黎人为标准。往往几个月变一个样子，这也是未开化时代的遗俗罢了。

再进一步，不但装饰在个人所用的器具上，更要装饰在大家公共的住所了。穴居时代，已经有壁画，与摩崖的浮雕。到此时期，渐渐的脱卸装饰的性质，产生独立的美术。

器具不但求花纹同色彩的美，更求形式的美。如瓷器及金类玉类等器，均有种种美观的形式。

雕刻的物象，不但附属在建筑上，演为独立的造像。中国墓前有石人石马；寺观内有泥塑、木雕，玉刻铜铸的像。虽然有几个著名的雕塑家，如晋的戴显，元的刘玄，但是无意识的摹仿品居多数。西洋自希腊时代，已有著名造像家，流传下来的石像、铜像，都优美得很。自文艺中兴时代，直至今日，常有著名的作家。

图画也不但附在壁上，演为独立的画幅，所画的，也不但单纯的物体，演为复杂的历史画，风俗画，山水画等。中国的图画，算是美术中最发达的，但是创造的少，摹仿的多。西洋的图画家，时时创立新派。而且画空气，画光影，画远近的距离，画人物的特性，都比我们进步得多。

建筑的美观，起初限于家庭，后来推行到公共建筑，如宗教的寺观、帝王的宫殿。近来偏重在学校、博物院、图书馆、公园等。最广的，就是将一所都市，全用美观的计划，布置起来。

以上都是说静的美术，今要说动的美术，就是诗歌与音乐。

在跳舞会上的歌词，是很简单的。演而为独立的小调，又演而为三派的文学。一是抒情诗，如中国的诗与词。起初专为歌唱，后来渐渐发展，专用发表感想，不过尚有长短音的分配，韵的呼应。到近来的新体诗，并长短音与韵也可不拘了。一是戏曲。起初全是歌词，后来参加科白；后来又有一体，完全离音乐而独立，通体用白话了。一是小说。起初是神话与动物谈，后来渐渐切近人事。起初描写的不过通性，后来渐渐的能表示特性。起初全凭讲演，语言与姿态同时发表，后来传抄印刷，完全是记述与描写的文学了。

跳舞会的音乐，是专为拍子而设，或用木棍相击，或用兽皮绷在木头上。由此进步，演为各种的鼓。澳洲土人有一种竹管，用鼻孔吹的；中国古书说音乐起于伶伦取竹制筒，大约吹的乐器，都由竹管演成的。非洲土人，有一种弓形的乐器，后来演成各种弦器。初民的音乐重在节奏，对于音阶的高下，不很注意。近来有种种曲谱，有各种关于音乐的科学，有教授音乐的专门学校；有超出跳舞会与戏剧而独立的音乐会，真非常的进步了。

观各种美术的进化，总是由简单到复杂，由附属到独立，由个人的进为公共的。我们中国人自己的衣服、宫室、园亭，知道要美观，不注意于都市的美化；知道收藏古物与书画，不肯合力设博物院，这是不合于美术进化公例的。

选自《北京大学日刊》，1921年2月15日

注：高平叔《蔡元培年谱》1921年条记："去年秋在湖南所作七次讲演，本年初在欧洲旅行途中，始将记录稿加以修改，寄回北京大学，自二月间陆续发表"。中国蔡元培研究会编著的《蔡元培全集》（浙江教育出版社1997年版）仅收入《何为文化》、《对于学生的希望》、《对于师范生的希望》、《美术的进化》、《美学的进化》、《美术与科学的关系》、《美学的研究法》七篇文章。

后来陶为衍《蔡元培讲稿新发现与陶冷月的艺术》提出：1920年10月26日，蔡元培先生与罗素、勃勒克小姐、吴稚晖、李石岑、张东荪、杨端六由武汉坐火车到长沙，与先期抵湘的杜威暨夫人、章太炎、张溥泉等应湖南省教育会之邀举行为期一周的讲学。尤为惊喜的是，湖南《大公报》特辟专栏《名人讲演录》，全文刊载每次讲演的记录稿。蔡元培的讲稿共十二篇，其中有两篇是由毛泽东记录的。现将蔡元培讲演的时间、地点和讲演题目整理如下：10月27日在遵道会正会场讲演《何为文化》，李济民、杨文冕记录；在明德学校讲演《对于学生的希望》，毛泽东记录。10月28日在第一师范讲演《对于师范生的希望》，杨文冕记录；在岳云中学讲演《中学的教育》，邓光禹记录。10月29日在兑泽中学讲演《学生的责任和快乐》，鼾僧记录；在遵道会正会场讲演《美术的进化》，李济民、杨文冕记录。10月30日在妙高峰第一中学校讲演《中学的科学》，何元培记录；在周南女学讲演《美术的价值》，毛泽东记录。11月1日在遵道会正会场讲演《美学的进化》，李济民、杨文冕记录；在第一师范讲演《美学与科学之关系》，马文义记录。11月2日在遵道会正会场讲演《美学的研究法》，李济民、杨文冕记录。11月3日在醴陵讲演《美化的都市》，刘建阳、吴相如记录。据悉，十二篇记录稿，已被先后载入《近代史资料》及《陶冷月年谱长编》。陶冷月艺术事业的成功，从一个侧面反映了蔡元培先生对20世纪早期中国画革新作出的巨大贡献。

关于宗教问题的谈话[①]

将来的人类，当然没有拘牵仪式、倚赖鬼神的宗教。替代他的，当为哲学上各种主义的信仰。这种哲学主义的信仰，乃完全自由，因人不同，随时进化，必定是多数的对立，不像过去和现在的只为数大宗教所垄断，所以宗教只是人类进程中间一时的产物，并没有永存的本性。

中国自来在历史上便与宗教没有甚么深切的关系，也未尝感非有宗教不可的必要。将来的中国，当然是向新的和完美的方面进行，各人有一种哲学主义的信仰。在这个时候，与宗教的关系，当然更是薄弱，或竟至无宗教的存在。所以将

① 这是《少年中国》杂志社周太玄访问蔡元培所作的记录。他在这篇谈话前面写有："我因为宗教问题，特访蔡先生谈话。现在将谈话的结果记在下面。周太玄记。"

来的中国，也是同将来的人类一样，是没有宗教存在的余地的。

少年中国学会①是一种创造新中国的学术团体。在这个过渡时期，对于宗教，似乎不能不有此一种规定，亦如十余年前法国的Misson naique一样的要经过一番无宗教的运动才有今日。

我个人对于宗教的意见，曾于十年前出版的《哲学要领》中详细说过，至今我的见解，还是未尝变更，始终认为宗教上的信仰，必为哲学主义所替代。

有人以为宗教具有与美术、文学相同的慰情作用，对于困苦的人生，不无存在的价值。其实这种说法，反足以证实文学、美术之可以替代宗教，及宗教之不能不日就衰亡。因为美术、文学乃人为的慰藉，随时代思潮而进化，并且种类杂多，可任人自由选择。其亲切活泼，实在远过于宗教之执著而强制。至有因美术、文学多采用宗教上的材料，因而疑宗教是不可废的，不知这是历史上一时的现象。因为当在宗教极盛的时候，无往而非宗教，美术、文学，自然也不免取材于此。不特是美术、文学，就是后来与宗教为敌的科学，在

① 少年中国学会：五四时期的学术性政治团体。

西洋中古时代，又何尝不隶属于基督教？彼此的关系，又何尝不深？自文艺中兴时代，用时代的人物及风俗写宗教的事迹，宗教的兴味，已渐渐薄弱。后来采取历史风俗的材料渐多，大多数文学、美术与宗教毫无关系，而且反对宗教之作品，亦日出不穷，其慰藉吾人之作用，仍然存在。因此知道文学、美术与宗教的关系，也将如科学一样，与宗教无关，或竟代去宗教。我曾主张“美育代宗教”便是此意。

周太玄记，据《少年中国》第3卷第1期，

1921年8月1日出版

以美育代宗教

我向来主张以美育代宗教，而引者或改美育为美术，误也。我所以不用美术而用美育者：一因范围不同，欧洲人所设之美术学校，往往止有建筑、雕刻、图画等科，并音乐、文学，亦未列入。而所谓美育，则自上列五种外，美术馆的设置，剧场与影戏院的管理，园林的点缀，公墓的经营，市乡的布置，个人的谈话与容止，社会的组织与演进，凡有美化的程度者，均在所包，而自然之美，尤供利用，都不是美术二字所能包举的。二因作用不同，凡年龄的长幼，习惯的差别，受教育程度的深浅，都令人审美观念互不相同。

我所以不主张保存宗教，而欲以美育来代他，理由如下：

宗教本旧时代教育，各种民族，都有一个时代，完全把教育权委托于宗教家，所以宗教中兼含着智育、德育、体育、美育的原素。说明自然现象，记上帝创世次序，讲人类死后世界等等是智育。犹太教的十诫，佛教的五戒，与各教中劝人去恶行善的教训，是德育。各教中礼拜、静坐、巡游的仪式，是体育。宗教家择名胜的地方，建筑教堂，饰以雕刻、图画，并参用音乐、舞蹈，佐以雄辩与文学，使参与的人有超出尘世的感想，是美育。

从科学发达以后，不但自然历史、社会状况，都可用归纳法求出真相，就是潜识、幽灵一类，也要用科学的方法来研究他。而宗教上所有的解说，在现代多不能成立，所以智育与宗教无关。历史学、社会学、民族学等发达以后，知道人类行为是非善恶的标准，随地不同，随时不同，所以现代人的道德，须合于现代的社会，决非数百年或数千年以前之圣贤所能预为规定，而宗教上所悬的戒律，往往出自数千年以前，不特挂漏太多，而且与事实相冲突的，一定很多，所以德育方面，也与宗教无关。自卫生成为专学，运动场、疗养院的设备，因地因人，各有适当的布置，运动的方式，极为复杂。旅行的便利，也日进不已，决非宗教上所有的仪式所能比拟。所以体育方面，也不必倚赖宗教。于是宗教上所被认为尚有价值的，止有美育的原素了。庄严伟大的建筑，优美的雕刻与绘画，奥秘的音乐，雄深或婉挚的文学，无论其属于何教，而异教的或反对一切宗教的人，决不能抹杀其美的价值，是宗教上不朽的一点，止有美。

然则保留宗教，以当美育，可行么？我说不可。

一、美育是自由的，而宗教是强制的；

二、美育是进步的，而宗教是保守的；

三、美育是普及的，而宗教是有界的。

因为宗教中美育的原素虽不朽，而既认为宗教的一部分，则往往引起审美者的联想，使彼受智育、德育诸部分的影响，而不能为纯粹的美感，故不能以宗教充美育，而止能以美育代宗教。

（原载《现代学生》第1卷第3期，1930年12月）

美育

美育者，应用美学之理论于教育，以陶养感情为目的者也。人生不外乎意志；人与人互相关系，莫大乎行为；故教育之目的，在使人人有适当之行为，即以德育为中心是也。顾欲求行为之适当，必有两方面之准备：一方面，计较利害，考察因果，以冷静之头脑判定之；凡保身卫国之德，属于此类，赖智育之助者也。又一方面，不顾祸福，不计生死，以热烈之感情奔赴之；凡与人同乐、舍己为群之德，属于此类，赖美育之助者也。所以美育者，与智育相辅而行，以图德育之完成者也。

吾国古代教育，用礼、乐、射、御、书、数之六艺。乐为纯粹美育；书以记述，亦尚美观；射御在技术之熟练，而亦态度之娴雅；礼之本义在守规则，而其作用又在远鄙俗；盖自数以外，无不含有美育成分者。其后若汉魏之文苑、晋之清谈、南北朝以后之书画与雕刻、唐之诗、五代以后之词、元以后之小说与剧本，以及历代著名之建筑与各种美术工艺品，殆无不于非正式教育中行其美育之作用。

其在西洋，如希腊雅典之教育，以音乐与体操并重，而兼重文艺。音乐、文艺，纯粹美育。体操者，一方以健康为目的，一方实以使身体为美的形式之发展；希腊雕像，所以成空前绝后之美，即由于此。所以雅典之教育，虽谓不出乎美育之范围，可也。罗马人虽以从军为政见长，而亦输入希腊之美术与文学，助其普及。中古时代，基督教徒，虽务以清静矫俗；而峨特式[1]之建筑，与其他音乐、雕塑、绘画之利用，未始不迎合美感。自文艺复兴以后，文艺、美术盛行。及十八世纪，经包姆加敦[2]（Baumgarten）与康德（Kant）之研究，而美学成立。经席勒尔[3]（Schiller）详论美育之作用，而美育之标识，始彰明较著矣。（席勒尔所著，多诗歌及剧本；而其关于美学之著作，惟*Brisfe über die Äesthetische Erziehung*，吾国“美育”之术语，即由德文之 Äesthetische Erziehung译出者也。）

---

① 峨特式：一种兴盛于中世纪盛期和晚期的建筑风格，以尖顶、拱门、飞拱为主要特点，今译哥特式。

② 包姆加敦：即鲍姆加登。

③ 席勒尔：即席勒。

自是以后，欧洲之美育，为有意识之发展，可以资吾人之借鉴者甚多。

爰参酌彼我情形而述美育之设备如下：美育之设备，可分为学校、家庭、社会三方面。

学校自幼稚园以至大学校，皆是。幼稚园之课程，若编纸、若粘土、若唱歌、若舞蹈，若一切所观察之标本，有一定之形式与色泽者，全为美的对象。进而至小学校，课程中如游戏、音乐、图画、手工等，固为直接的美育；而其他语言与自然、历史之课程，亦多足以引起美感。进而及中学校，智育之课程益扩加；而美育之范围，亦随以俱广。例如，数学中数与数常有巧合之关系。几何学上各种形式，为图案之基础。物理、化学上能力之转移，光色之变化；地质学的矿物学上结晶之匀净，闪光之变幻；植物学上活色生香之花叶；动物学上逐渐进化之形体，极端改饰之毛羽，各别擅长之鸣声；天文学上诸星之轨道与光度；地文学上云霞之色彩与变动；地理学上各方之名胜；历史学上各时代伟大与都雅之人物与事迹，以及其他社会科学上各种大同小异之结构，与左右逢源之理论；无不于智育作用中，含有美育之原素；一经教师之提醒，则学者自感有无穷之兴趣。其他若文学、音乐等之本属于美育者，无待言矣。进而至大学，则美术、音乐、戏剧等皆有专校，而文学亦有专科。即非此类专科、专校之学生，亦常有公开之讲演或演奏等，可以参加。而同学中亦多有关于此等美育之集会，其发展之度，自然较中学为高矣。且各级学校，于课程外，尚当有种种关于美育之设备。例如，学校所在之环境有山水可赏者，校之周围，设清旷之园林。而校舍之建筑，器具之形式，造像摄影之点缀，学生成绩品之陈列，不但此等物品之本身，美的程度不同；而陈列之位置与组织之系统，亦大有关系也。

其次家庭：居室不求高大，以上有一二层楼，而下有地窟者为适宜。必不可少者，环室之园，一部分杂莳花木，而一部分可容小规模之运动，如秋千、网球之类。其他若卧室之床几、膳厅之桌椅与食具、工作室之书案与架柜、会客室之陈列品，不问华贵或质素，总须与建筑之流派及各物品之本式，相互关系上，无格格不相入之状。其最必要而为人人所能行者，清洁与整齐。其他若鄙陋之辞句，如恶谑与谩骂之类；粗暴与猥亵之举动；无老幼、无男女、无主仆，皆当屏绝。

其次社会：社会之改良，以市乡为立足点。凡建设市乡，以上水管、下水管为第一义；若居室无自由启闭之水管，而道路上见有秽水之流演、粪桶与粪船之经过，则一切美观之设备，皆为所破坏。次为街道之布置，宜按全市或全乡地面而规定大街若干、小街若干，街与街之交叉点，皆有广场。场中设花坞，随时移置时花；设喷泉，于空气干燥时放射之；如北方各省尘土飞扬之所，尤为必要。陈列美术品，如名人造像，或神话、故事之雕刻等。街之宽度，预为规定，分步行、车行各道，而旁悉植树。两旁建筑，私人有力自营者，必送其图于行政处，审为无碍于观瞻而后认可之；其无力自营而需要住所者，由行政处建设公共之寄宿舍，或为一家者，或为一人者，以至廉之价赁出之。于小学校及幼稚园外，尚有寄儿所，以备孤儿或父母同时作工之子女可以寄托，不使抢攘于街头。对于商店之陈列货物，悬挂招牌，张贴告白，皆有限制，不使破坏大体之美观，或引起恶劣之心境。载客运货之车，能全用机力，最善。必不得已而利用畜力，或人力，则牛马必用强壮者，装载之量与运行之时，必与其力相称。人力间用以运轻便之物，或负担，或曳车、推车。若为人舁轿挽车，惟对于病人或妇女，为徜徉游览之助者，或可许之。无论何人，对于老牛、羸马之竭力以曳重载，或人力车夫之袒背浴汗而疾奔，不能不起一种不快之感也。设习艺所，以收录贫苦与残疾之人，使得于能力所及之范围，稍有所贡献，以偿其所享受，而不许有沿途乞食者。设公墓，可分为土葬、火葬两种，由死者遗命或其子孙之意而选定之。墓地上分区、植树、莳花、立碑之属，皆有规则。不许于公墓以外，买地造坟。分设公园若干于距离适当之所，有池沼亭榭、花木鱼鸟，以供人工作以后之休憩。设植物园，以观赏四时植物之代谢。设动物园，以观赏各地动物特殊之形状与生活。设自然历史标本陈列所，以观赏自然界种种悦目之物品。设美术院，以久经鉴定之美术品，如绘画、造像，及各种美术工艺，刺绣、雕镂之品，陈列于其中，而有一定之开放时间，以便人观览。设历史博物院，以便人知一民族之美术，随时代而不同。设民族学博物院，以使人知同时代中，各民族之美术，各有其特色。设美术展览会，或以新出之美术品，供人批评；或以私人之所收藏，暂供众览，或由他处陈列所中，抽借一部，使观赏者常有新印象，不为美术院所限也。设音乐院，定期演奏高尚之音乐，并于公园中为临时之演奏。设出版物检查所，凡流行之诗歌、小说、剧本、画谱、以至市肆之挂屏、新年之花纸，尤其儿童所读阅之童话与画本等，凡粗犷、猥亵者禁止之；而择其高尚优美者助为推行。设公立剧院及影戏院，专演文学家所著名剧及有关学术、能引起高等情感之影片，以廉价之入场券引人入览。其他私人营业之剧院及影戏院，所演之剧与所照之片，必经公立检查所之鉴定，凡卑猥陋劣之作，与真正之美感相冲突者，禁之。婚丧仪式，凡陈陈相因之仪仗、繁琐无理之手续，皆废之；定一种简单而可以表示哀乐之公式。每年遇国庆日，或本市本乡之纪念日，则于正式祝典以外，并可有市民极端欢娱之表示；然亦有一种不能越过之制限；盖文明人无论何时，总不容有无意识之举动也。以上所举，似专为新立之市乡而言，其实不然。旧有之市乡，含有多数不合美育之分子者，可于旧市乡左近之空地，逐渐建设，以与之交换；或即于旧址上局部改革。

要之美育之道，不达到市乡悉为美化，则虽学校，家庭尽力推行，而其所受环境之恶影响，终为阻力；故不可不以美化市乡为最重要之工作也。

据《教育大辞书》上册，商务印书馆 1930 年出版。

美育与人生

人的一生，不外乎意志的活动，而意志是盲目的，其所恃以为较近之观照者，是知识；所以供远照、旁照之用者，是感情。

意志之表现为行为。行为之中，以一己的卫生而免死，趋利而避害者为最普通；此种行为，仅仅普通的知识，就可以指导了。进一步的，以众人的生及众人的利为目的，而一己的生与利即托于其中。此种行为，一方面由于知识上的计较，知道众人皆死而一己不能独生；众人皆害而一己不能独利。又一方面，则亦受感情的推动，不忍独生以坐视众人的死，不忍专利以坐视众人的害。更进一步，于必要时，愿舍一己的生以救众人的死；愿舍一己的利以去众人的害，把人我的分别，一己生死利害的关系，统统忘掉了。这种伟大而高尚的行为，是完全发动于感情的。

人人都有感情，而并非都有伟大而高尚的行为，这由于感情推动力的薄弱。要转弱而为强，转薄而为厚，有待于陶养。陶养的工具，为美的对象，陶养的作用，叫作美育。

美的对象，何以能陶养感情？因为他有两种特性：一是普遍；二是超脱。

一瓢之水，一人饮了，他人就没得分润；容足之地，一人占了，他人就没得并立；这种物质上不相入的成例，是助长人我的区别、自私自利的计较的。转而观美的对象，就大不相同。凡味觉、臭觉、肤觉之含有质的关系者，均不以美论；而美感的发动，乃以摄影及音波辗转传达之视觉与听觉为限。所以纯然有“天下为公”之概；名山大川，人人得而游览；夕阳明月，人人得而赏玩；公园的造像，美术馆的图画，人人得而畅观。齐宣王称“独乐乐不若与人乐乐”“与少乐乐不若与众乐乐”，陶渊明称“奇文共欣赏”，这都是美的普遍性的证明。

植物的花，不过为果实的准备；而梅、杏、桃、李之属，诗人所咏叹的，以花为多。专供赏玩之花，且有因人择的作用，而不能结果的。动物的毛羽，所以御寒，人固有制裘、织呢的习惯；然白鹭之羽，孔雀之尾，乃专以供装饰。宫室可以避风雨就好了，何以要雕刻与彩画？器具可以应用就好了，何以要图案？语言可以达意就好了，何以要特制音调的诗歌？可以证明美的作用，是超越乎利用的范围的。

既有普遍性以打破人我的成见，又有超脱性以透出利害的关系；所以当着重要关头，有“富贵不能淫，贫贱不能移，威武不能屈”的气概；甚且有“杀身以成仁”而不“求生以害仁”的勇敢；这种是完全不由知识的计较，而由于感情的陶养，就是不源于智育，而源于美育。

所以吾人固不可不有一种普通职业，以应利用厚生的需要；而于工作的余暇，又不可不读文学，听音乐，参观美术馆，以谋知识与感情的调和，这样，才算是认识人生的价值了。

美育代宗教

有的人常把美育和美术混在一起，自然美育和美术是有关系的，但这两者范围不同，只有美育可以代宗教，美术不能代宗教，我们不要把这一点误会了。就视觉方面而言，美术包括建筑、雕刻、图画三种，就听觉方面而言，包括音乐。在现在学校里，像图画、音乐这几门功课都很注意，这是美术的范围。至于美育的范围要比美术大得多，包括一切音乐、文学、戏院、电影、公园小小园林的布置、繁华的都市（例如上海）、幽静的乡村（例如龙华）等等，此外，如个人的举动（例如六朝人的尚清谈）、社会的组织、学术团体、山水的利用、以及其他种种的社会现状，都是美化。美育是广义的，而美术则意义太狭。美术是活动的，譬如中学生的美术就和小学生的不同；那一种程度的人，就有那一种的美术；民族文化到了什么程度，就产生什么程度的美术。美术有时也会引起不好的思想，所以国家裁制，便不用美术。

我为什么想到以美育代宗教呢？因为现在一般人多是抱着主观的态度来研究宗教，其结果，反对或者是拥护，纷纭聚讼，闹不清楚。我们应当从客观方面去研究宗教。不论宗教的派别怎样的不同，在最初的时候，宗教完全是教育，因为那时没有像现在那样为教育而设的特殊机关，譬如基督教青年会讲智、德、体三育，这就是教育。

初民时代没有科学，一切人类不易知道的事，全赖宗教去代为解释。初民对于山、海、光，以及天雨、天晴等等的自然界现象，很是惊异，觉得这些现象的发生，总有一个缘故在里面。但是什么人去解释呢？又譬如星是什么，太阳是什么，月亮是什么，世界什么时候起始，为什么有这世界，为什么有人类，这许多问题。现在社会人事繁复，生活太复杂，人类一天到晚，忙忙碌碌，没有工夫去研究这些问题；但我们的祖宗生活却很简单，除了打猎外，便没有什么事，于是就有摩西亚把这些问题作了一番有系统的解答，把生前是一种怎样情形，死后又是一种怎样情形，世界没有起始以前是怎样，世界将来的究竟又是怎样，统统都解释了出来。为什么会有日蚀、月蚀那种自然的现象呢？说是日或月给动物吞食了去。在《创世记》里，说人类是上帝于一天之内造出来的，世界也是上帝造出来的，而且可吃的东西都有。经过这样一番解释之后，初民的求知欲就满足了。这是说到宗教和智育的关系。

从小学教科书里直到大学教科书里，有人讲给我们听，说人不可做怎样怎样不好的事，这是从消极说法；更从积极方面，说人应该做怎样怎样的人，这就是德育。譬如摩西的十诫也说了许多人“可以”怎样和“不可以”怎样的话，无论那一种的宗教总是讲规矩，讲爱人爱友，爱敌如友，讲怎样做人的模范，现在的德育也是讲人和人如何往来，人如何对待人，这是说到宗教和德育的关系。

宗教有跪拜和其他种种繁重的仪式，有的宗教的信徒每日还要静坐多少时间，有许多基督教徒每年要往耶路撒冷去朝拜，佛教徒要朝山，要到大寺院里去进香。我把这些情形研究的结果，原来都和体育与卫生有关。周朝很注重礼节，一部《周易》无非要人强壮身体，一部《礼记》规定了很繁重的礼节，也无非要人勇敢强有力，所谓平常有礼，有事当兵。这是说到宗教和体育的关系。

所以，在宗教里面智、德、体三育都齐备了。

凡是一切教堂和寺观，大都建筑在风景最好的地方。欧洲文艺复兴之后，在建筑方面产生了许多格式。中国的道观，其建筑的格式最初大都由印度输入，后来便渐渐地变成了中国式。回教的建筑物，在世界美术上是很有名的。我们看了这些庄严灿烂的建筑物，就可以明了这些建筑物的意义，就是人在地上不够生活，要跳上天去，而这天堂就是要建立在地上的。再说到这些建筑物的内部也是很壮丽的，我们只要到教堂里面去观察，我们就可以看出里面的光线和那些神龛都显出神秘的样子；而且教堂里面一定有许多雕刻，这些雕刻都起源于基督教。现在有许多油画和图像，都取材自基督教；唐朝的图像也都是佛。此外，在音乐方面，宗教的音乐，例如宗教上的赞美歌和歌舞，其价值是永远存在的。现在会演说的人有许多是宗教家。宗教和文学也有很密切的关系，因为两者都是感情的产物。凡此种种，其目的无非在引起人们的美感，这是宗教的一种很重要的作用。因为宗教注意教人，要人对于一切不满意的事能找到安慰，使一切辛苦和不舒服能统统去掉。但是用什么方法呢？宗教不能用很严正的话或很具体的话去劝慰人，它只能利用音乐和其他一切的美术，使人们被引到别一方面去，到另外一个世界上去，而把具体世界忘掉。这样，一切困苦便可以暂时去掉，这是宗教最大的作用。所以宗教必有抽象的上帝，或是先知，或是阿弥陀佛。这是说到宗教和美育的关系。

以前都是以宗教代教育，除了宗教外，没有另外的教育，就是到了欧洲的中古时代，也还是这样。教育完全在教堂里面，从前日本的教育都由和尚担任了去，也只有宗教上的人有那热心和余暇去从事于教育的事业。但现在可不同了，现在有许多的事，我们都不知道。譬如一张桌子，有脚，其原料是木头，灯有光，等等。这些事情只有科学和工艺书能告诉我们，动物学和植物学也告诉了我们许多关于自然的现象。此外如地球如何发生，太阳是怎么样，星宿是怎么样，也有地质学和天文学可以告诉我们，而且解释得很详细，比宗教更详细。甚而至于人死后身体怎样的变化，灵魂怎样，也有幽灵学可以告诉我们。还有精神上的动作，下意识的状态等等，则有心理学可以告诉我们。所以单是科学已尽够解释一切事物的现象，用不着去请教宗教。这样，宗教和智育便没有什么关系。现在宗教对于智育，不但没有什么帮助，而且反有障碍，譬如像现在的美国，思想总算很能自由，但在大学里还不许教进化论，到现在宗教还保守着上帝七天造人之说，而不信科学。这样说来，宗教不是反有害吗？

讲到德育，道德不过是一种行为。行为也要用科学的方法去研究的，先要考察地方的情形和环境，然后才可以定一种道德的标准，否则便不适用。例如在某地方把某种行为视为天经地义，但换一个地方便成为大逆不道。所以从历史上看来，道德有的时候很是野蛮。宗教上的道德标准，至少是千余年以前的圣贤所定，对于现在的社会，当然是已经不甚适用。譬如《圣经》上说有人打你的右颊，你把左颊也让他打，有人剥你的外衣，你把里衣也脱了给他。这几句话意思固然很好，但能否做得到，是否可以这样做，也还是一个问题。但相信宗教的人，却要绝对服从这些教义。还有宗教常把男女当作两样东西看待，这也是不对的。所以道德标准不能以宗教为依归。这样说来，现在宗教对于德育，也是不但没有益处，而且反有害处的。

至于体育，宗教注重跪拜和静坐，无非教人不要懒惰，也不要太劳。有许多人进杭州天竺烧香，并不一定是相信佛，不过是趁这机会看看山水罢了。现在各项运动，如赛跑、玩球、摇船等等，都有科学的研究，务使身体上无论那一部分都能平均发达。遇着山水好的地方，便到那个地方去旅行。此外，又有疗养院的设施，使人有可以静养的处所。人疲劳了应该休息，换找新鲜空气，这已成为老生常谈。所以就体育而言，也用不着宗教。

这样，在宗教的仪式中，就丢掉了智、德、体三育，剩下来的只有美育，成为宗教的唯一原素。各种宗教的建筑物，如庵观寺院，都造得很好，就是反对宗教的人也不会说教堂不是美术。宗教上的各种美术品，直到现在，其价值还是未动，还是能够站得住，无论信仰宗教或反对宗教的人，对于宗教上的美育都不反对，所以关于美育一部分宗教还能保留。但是因为有了美育，宗教可不可以代美育呢？我个人以为不对。因为宗教上的美育材料有限制，而美育无限制。美育应该绝对的自由，以调养人的感情。吴道子的画没有人说他坏，因为每一个人都有他自己所欣赏的美术。宗教常常不许人怎样怎样，一提起信仰，美育就有限制。美育要完全独立，才可以保有它的地位。在宗教专制之下，审美总不很自由。所以用宗教来代美育是不可的。还有，美育是整个的，一时代有一时代的美育。油画以前是没有的，现在才有。照相也是如此。唱戏也经过了许多时期。无论音乐、工艺美术品，都是时时进步的。但宗教却绝对的保守。譬如一部圣经，那一个人敢修改？这和进化刚刚相反。美育是普及的，而宗教则都有界限。佛教和道教互相争斗，基督教和回教到现在还不能调和，印度教和回教也积不相能，甚至基督教中间也有新教、旧教、天主教、耶稣教之分，界限大，利害也就很清楚。美育不要有界限，要能独立，要很自由，所以宗教可以去掉。宗教说好人死后不吃亏，但现在科学发达，人家都不相信。宗教又说，人死后有灵魂，做好人可以受福，否则要在地狱里受灾难，但究竟如何，还没有人拿出实在证据来。

总之，宗教可以没有，美术可以辅宗教之不足，并且只有长处而没有短处，这是我个人的见解。这问题很是重要。这个题目是陈先生定的，不是我自己定的，我到现在还在研究中，希望将来有具体的计划出来，我现在不过把已想到的大概情形向诸位说说。

国家新闻出版广电总局
首届向全国推荐中华优秀传统文化普及图书

大家小书书目

经典常谈	朱自清　著
语言与文化	罗常培　著
习坎庸言校正	罗　庸　著　杜志勇　校注
鸭池十讲（增订本）	罗　庸　著　杜志勇　编订
古代汉语常识	王　力　著
国学概论新编	谭正璧　编著
文言尺牍入门	谭正璧　著
日用交谊尺牍	谭正璧　著
敦煌学概论	姜亮夫　著
训诂简论	陆宗达　著
金石丛话	施蛰存　著
常识	周有光　著　叶　芳　编
文言津逮	张中行　著
中国字典史略	刘叶秋　著

古典目录学浅说　　来新夏　著

闲谈写对联　　白化文　著

怎样使用标点符号（增订本）　　苏培成　著

诗境浅说　　俞陛云　著

唐五代词境浅说　　俞陛云　著

北宋词境浅说　　俞陛云　著

南宋词境浅说　　俞陛云　著

人间词话新注　　王国维　著　滕咸惠　校注

苏辛词说　　顾　随　著　陈　均　校

诗论　　朱光潜　著

唐诗杂论　　闻一多　著

诗词格律概要　　王　力　著

唐宋词欣赏　　夏承焘　著

槐屋古诗说　　俞平伯　著

词学十讲　　龙榆生　著

词曲概论　　龙榆生　著

中国古典诗歌讲稿　　浦江清　著

浦汉明　彭书麟　整理

唐人绝句启蒙	李霁野　著
唐宋词启蒙	李霁野　著
古典文学略述	王季思　著　王兆凯　编
古典戏曲略说	王季思　著　王兆凯　编
唐宋词概说	吴世昌　著
宋词赏析	沈祖棻　著
道教徒的诗人李白及其痛苦	李长之　著
闲坐说诗经	金性尧　著
陶渊明批评	萧望卿　著
舒芜说诗	舒　芜　著
名篇词例选说	叶嘉莹　著
唐诗纵横谈	周勋初　著
楚辞讲座	汤炳正　著 汤序波　汤文瑞　整理
好诗不厌百回读	袁行霈　著
山水有清音 ——古代山水田园诗鉴要	葛晓音　著

门外文谈	鲁　迅　著
我的杂学	周作人　著　张丽华　编
论雅俗共赏	朱自清　著
文学概论讲义	老　舍　著
中国文学史导论	罗　庸　著　杜志勇　辑校
给少男少女	李霁野　著
鲁迅批判	李长之　著
英美现代诗谈	王佐良　著　董伯韬　编
三国谈心录	金性尧　著
夜阑话韩柳	金性尧　著
英语学习	李赋宁　著
漫谈西方文学	李赋宁　著
历代笔记概述	刘叶秋　著
笔祸史谈丛	黄　裳　著
古典诗文述略	吴小如　著
有琴一张	资中筠　著
鲁迅作品细读	钱理群　著
唐宋八大家——古代散文的典范	葛晓音　选译

红楼梦考证	胡　适　著
《水浒传》与中国社会	萨孟武　著
《西游记》与中国古代政治	萨孟武　著
《红楼梦》与中国旧家庭	萨孟武　著
《金瓶梅》人物	孟　超　著　张光宇　绘
水泊梁山英雄谱	孟　超　著　张光宇　绘
《红楼梦》探源	吴世昌　著
《西游记》漫话	林　庚　著
细说红楼	周绍良　著
红楼小讲	周汝昌　著　周伦玲　整理
曹雪芹的故事	周汝昌　著　周伦玲　整理
古典小说漫稿	吴小如　著
三生石上旧精魂 ——中国古代小说与宗教	白化文　著
《金瓶梅》十二讲	宁宗一　著
古体小说论要	程毅中　著
近体小说论要	程毅中　著
文学的阅读	洪子诚　著
中国戏曲	么书仪　著

中国史学入门	顾颉刚　著　何启君　整理
秦汉的方士与儒生	顾颉刚　著
三国史话	吕思勉　著
史学要论	李大钊　著
中国近代史	蒋廷黻　著
民族与古代中国史	傅斯年　著
五谷史话	万国鼎　著　徐定懿　编
民族文话	郑振铎　著
史料与史学	翦伯赞　著
唐代社会概略	黄现璠　著
清史简述	郑天挺　著
两汉社会生活概述	谢国桢　著
中国文化与中国的兵	雷海宗　著
两宋史纲	张荫麟　著
明史简述	吴　晗　著
北宋政治改革家王安石	邓广铭　著
从紫禁城到故宫 ——营建、艺术、史事	单士元　著
史学遗产六讲	白寿彝　著

司马迁之人格与风格	李长之　著
司马迁	季镇淮　著
唐王朝的崛起与兴盛	汪　篯　著
二千年间	胡　绳　著
论三国人物	方诗铭　著
考古发现与中西文化交流	宿　白　著
中国古代国家的历史特征	张传玺　著
艺术、神话与祭祀	张光直　著 刘　静　乌鲁木加甫　译
中国古代衣食住行	许嘉璐　著
中国古代史学十讲	瞿林东　著
黄宾虹论画	黄宾虹　著
中国绘画史	陈师曾　著
和青年朋友谈书法	沈尹默　著
中国画法研究	吕凤子　著
桥梁史话	茅以升　著
中国戏剧史讲座	周贻白　著
俞平伯说昆曲	俞平伯　著　陈　均　编

新建筑与流派	童 寯 著	
论园	童 寯 著	
拙匠随笔	梁思成 著	林 洙 编
中国建筑艺术	梁思成 著	林 洙 编
沈从文讲文物	沈从文 著	王 风 编
中国画的艺术	徐悲鸿 著	马小起 编
中国绘画史纲	傅抱石 著	
中国舞蹈史话	常任侠 著	
海上丝路与文化交流	常任侠 著	
世界美术名作二十讲	傅 雷 著	
中国画论体系及其批评	李长之 著	
金石书画漫谈	启 功 著	赵仁珪 编
吞山怀谷——中国山水园林的艺术	汪菊渊 著	
中国古代音乐与舞蹈	阴法鲁 著	刘玉才 编
梓翁说园	陈从周 著	
旧戏新谈	黄 裳 著	
民间年画十五讲	王树村 著	姜彦文 编
民间美术与民俗	王树村 著	姜彦文 编

长城史话	罗哲文　著
中国古园林概说	罗哲文　著
现代建筑奠基人	罗小未　著
世界桥梁趣谈	唐寰澄　著
如何欣赏一座桥	唐寰澄　著
桥梁的故事	唐寰澄　著
园林的意境	周维权　著
万方安和 ——皇家园林的故事	周维权　著
现代建筑的故事	吴焕加　著
中国古代建筑概说	傅熹年　著

国学救亡讲演录	章太炎　著　蒙　木　编
简易哲学纲要	蔡元培　著
大学教育	蔡元培　著 北大元培学院　编
老子、孔子、墨子及其学派	梁启超　著
中国政治思想史	吕思勉　著
天道与人文	竺可桢　著　施爱东　编

春秋战国思想史话	嵇文甫　著
晚明思想史论	嵇文甫　著
新人生论	冯友兰　著
中国哲学与未来世界哲学	冯友兰　著
谈美书简	朱光潜　著
中国古代心理学思想	潘　菽　著
民俗与迷信	江绍原　著　陈泳超　整理
佛教基本知识	周叔迦　著
儒学述要	罗　庸　著　杜志勇　整理
希腊漫话	罗念生　著
佛教常识答问	赵朴初　著
大一统与儒家思想	杨向奎　著
孔子的故事	李长之　著
西洋哲学史	李长之　著
乡土中国	费孝通　著
社会调查自白	费孝通　著
经学常谈	屈守元　著
墨子与墨家	任继愈　著
汉化佛教与佛寺	白化文　著
中西之交	陈乐民　著

出版说明

“大家小书”多是一代大家的经典著作，在还属于手抄的著述年代里，每个字都是经过作者精琢细磨之后所拣选的。为尊重作者写作习惯和遣词风格、尊重语言文字自身发展流变的规律，为读者提供一个可靠的版本，“大家小书”对于已经经典化的作品不进行现代汉语的规范化处理。

提请读者特别注意。

北京出版社